名师名校名校长

凝聚名师共识
回应名师关怀
打造名师品牌
培育名师群体

　　　　　郑明远题

名师名校名校长书系

这样做班主任，不累

王小玲 ◎著

东北师范大学出版社

长 春

图书在版编目（CIP）数据

这样做班主任，不累 / 王小玲著. — 长春：东北
师范大学出版社，2019.3
ISBN 978-7-5681-5573-1

Ⅰ.①这… Ⅱ.①王… Ⅲ.①小学—班主任工作
Ⅳ.①G625.1

中国版本图书馆CIP数据核字（2019）第048393号

□策划创意：刘 鹏
□责任编辑：谷 迪 刘贝贝　　□封面设计：姜 龙
□责任校对：刘彦妮 张小娅　　□责任印制：张允豪

东北师范大学出版社出版发行
长春净月经济开发区金宝街 118 号（邮政编码：130117）
电话：0431-84568033
网址：http://www.nenup.com
北京言之凿文化发展有限公司设计部制版
廊坊市金朗印刷有限公司印装
廊坊市广阳区廊万路 18 号（邮编：065000）
2022年6月第1版　2022年6月第1次印刷
幅面尺寸：170mm×240mm　印张：11　字数：162千

定价：45.00元

小花的信念

（代序一）

在富有童话色彩的深圳宝安灵芝小学的百草园中，有一位名班主任工作室主持人王小玲。她外表从容淡泊、优雅温柔，内心却充满理想信念和教育情怀。在宝安这片教育的沃土上，她如一朵盛开的小花，努力汲取养分，向着阳光生长，期望在微风吹过时，也能散发出淡淡清香；作为学生成长的"重要他人"，她有着让每一颗心灵健康成长的愿望；作为学生学习的指导者，她有着让每一个学生天天向上的信念；作为名班主任工作室主持人，她有着团队共同成长的愿景。

从教十八年的她以"敬"换"静"、以"静"获"近"、以"近"接"尽"，勾勒出一幕幕场景，如星星般闪烁在她的生命长河中。

以我之"敬"换你之"静"

王小玲老师认为，只有敬业的老师才能使每一颗种子都能汲取丰富的营养而健康成长。于是在学校的每一个角落都能看见王小玲老师辛勤耕耘的影子。在她的班级，我们可以看见一张张奖状：标兵班级、教学优秀班级、红旗中队、环境布置特色班级、一台戏示范班级、文明礼仪示范班级、两操标兵班级、宝安区红旗中队、深圳市先进中队。她的工作室团队，在短短两年多的时间里开展了五十多期研讨活动，研讨就从班主任近期在班级管理过程中遇到的问题展开，通过研讨把一个个班级管理问题化解。工作室建立了微信公众平台，每周推出工作室成员的原创班级管理小文、教育故事、读书笔记等，提升自己专业能力的同时，还给他人带去启发。在2016年广东省名班主任工作室联盟暨走心德育联盟研讨会上，王小玲工作室包揽了团队共进奖、个人成就奖、公众号创新奖、班会课说课特等奖，将全部赛事的4项大奖收入囊中。工作室的成员也逐渐成为学校甚至宝安区班主任群体中的佼佼者，邹小苑老师成为校级名班主任工作室主持人。在宝安区名班主任工作室中期考核中，王小玲名班主任工作室以满分获得优秀名班主任工作室称号。

所有的荣誉后面是一位老师敬业乐业的坚守。而这，恰恰如同马克·吐温说的那样："要把敬业乐业当作做人的根本，当作做人的灵魂。"王小玲老师的"以我之'敬'换你之'静'"的做法，以一颗真诚而敬业的心温暖了一批孩子、一批教师。

以你之"静"获他之"近"

吴明录说过："守得住寂寞，方能以宁静而致远。"王小玲老师则能安静地守候着缓慢的生长历程，以她的"静"换取孩子的"近"。

如今的世界，缤纷多彩，价值多元，故总有人感叹生活像万花筒，让人眼花缭乱。而王小玲老师却安之若素，静静教书，静静读书。

在她的班级，阅读是必不可少的课程。早晨，可以看见她领着孩子们徜徉在古诗文的美好意境里；中午，可以看见她坐在孩子们身边陪伴阅读；放学，还可以看见孩子们围坐在她身边听故事而不愿离去。安静阅读、潜心教学的她钻研出了孩子们最喜欢的游戏课堂，将课堂和游戏融合：角色扮演、课中操、识字三猜、故事情境等，换来的是孩子们的感叹："怎么这么快就下课啦？"

以情之"近"接心之"尽"

"尊敬的家长您好！我们的宝贝即将跨入二年级的大门，让我们收拾好行囊，整理好心情陪伴孩子上路！这一学期我们能为孩子做些什么呢？陪伴、引导、鼓励依然重要。我希望二年级的宝贝是这样的：讲文明、会倾听、懂宽容、爱阅读。为了孩子，让我们一起携手上路！"

"尊敬的家长新年好！因为孩子，我们有了共同的爱；因为孩子，我们也有了共同的期待。就让我们共同努力，携手帮助孩子走好人生中的这段路吧！新年伊始，请接受我真诚的祝福：祝您及家人身体健康、工作顺利、心想事成！祝我们亲爱的孩子健康快乐、学有所获！"

这是王老师发给家长众多短信中的一部分，其内容诠释了一个字：近。王老师认为：无论是同事或者家长，良好沟通的制胜法宝便是平易近人。一个平易近人的人，一定是感觉敏锐、圆融达观，且对生命充满深情的人。这样亲切的班主任怎能不受家长和同事的支持与敬佩！ 2012年9月至2014年8月，她4次荣获来自学生和家长票选的学校"最具魅力教师"称号。而在王老师眼中，学生和家长的口碑，胜过一切奖杯！

平易近人，人心归之。王小玲老师说："我以近人的情怀，贴近孩子们无尽的美好。"

这是一位平凡教师不平凡的坚守，就算她只是一朵小花，她也始终坚信：有了她的坚守，哪怕是石头也会发芽，也会尽情地绽放微笑。

此时，让我们细细聆听花的愿望，花的信念，花的梦想，花的海洋！

是为序。

李 季

2018年10月

（作者系广东第二师范学院教授，中国陶行知研究会未来教育专业委员会理事长。）

不累的艺术

（代序二）

　　《这样做班主任，不累》这本书是深圳市名班主任工作室主持人王小玲老师在总结多年的小学班主任工作的理论与实践基础上修改、完善而写成的。它试图从新时代小学班主任工作和儿童发展奥秘的原点出发，重新考察小学班主任与"不累"的关系。应该说，这是一本有一定问题意识，有一定时代感，有一定实践创新的著作。我十分赞赏她的班主任工作理念和方法，以下内容是我读后的一些思考与感悟。

　　《这样做班主任，不累》是一个很有意义的实践话题。既要班主任工作幸福高效，又要使自己优雅不累，这是一个两全其美的理想命题。能实现吗？回答是肯定的。王老师用她班主任的实践经验很好地回答了这个问题。一位普通的小学教师，除了要承担日常的语文教学工作外，带一届学生下来要对整个班级建设进行策划，对每个学生和家长进行研究并提出具有针对性、个性化的教育思路和策略，还要随时随地地记录下有关教学的全过程。几年下来，王老师积累了洋洋几十万文字，这样做班主任，不累吗？我想，这样的工作强度和绩效每天工作8小时肯定是不行的。"不累"，核心是"心不累"，将教育学生、做班主任工作作为一种人生追求和幸福，因而即使个人付出再多的努力也觉得"不累"。35年前，我曾做过初中班主任，给我的感觉是班主任很辛苦，缘于每个学生个性不同，发展需要不同，要解决的问题也不同，事务繁多，有操不完的心。王老师做班主任，实现了"高效而不累"，乐而忘倦，这是新时代班主任的一种新境界和超脱，独辟蹊径，令人耳目一新。

　　"做不累的班主任"要有先进的工作理念。以小学生童心教育为核心，以

"你不累，我不累，大家不累"为班级管理原则，采取游戏化、班级文化陶冶、家校合作等管理措施，在丰富多彩的活动中开展班主任工作。在书中，王老师通过大量实际教育案例，分享了自己班级管理的技巧和方法、艺术和智慧，认为要达到"做不累的班主任"的核心在于永葆一颗童心：懂孩子比爱孩子更重要，走进孩子的心灵，找到适合孩子的教育方式，"关爱在左，责任在右"，使刻板的教育具有趣味性和魅力，让学生感觉到班主任的温暖、班级的温暖、学习的温暖。在平凡的岗位上，踏踏实实上好每一节课、仔仔细细批改好每一份作业、认认真真对待每一次谈心、开开心心组织每一次活动，和孩子、同伴体验着各种各样小小的成功。使教师感觉到自我生命的优雅、完美、靓丽，在爱孩子和乐教中实现教师的幸福。

"做不累的班主任"关键在于创新班主任工作思路与方法。以"点点中队"的成立、发展和毕业为班级管理线索，书中呈现了在网联网+时代我国一线城市班主任工作方法的创新与变革。制定班级管理发展规划，提高班级管理的科学性；用微信与学生和家长及时进行信息沟通；实施"趣味班干，促进自律"；柔情沟通，走进家长的内心，融洽家校关系；开展家长与教师的"共读"活动，将提高家长、儿童素质融入日常班级管理中；为缓解儿童学习疲劳，提高课堂教学效果，创设了"课中操"等，达到了预期的效果。

"做不累的班主任"基础在于扎根班级，热爱学生。本书是王老师从2014年开始担任"点点班"五年班主任工作经验的积累，又是新时代班主任工作智慧的结晶。书中从接手一个新班开始，到如何组织班干部、制定班纪班规、布置教室和走廊、开展各类主题班会活动，及其如何开展家校交流等均有深入探讨。真实地记录和反映了在自我班级管理中的问题、思考和解决的方法，读起来犹如你就在这个班级，可以感受到王老师对孩子的关爱和自我优雅的快乐。

"做不累的班主任"的标准是"努力做最好的自己"。实践证明，取得了理想成效。据王老师回忆，她从教18年，共做了7届班主任，与355个孩子亲密相伴。"他们如繁星、如花朵，每一颗、每一朵都有自己的灿烂：'爱心天使''足球王子''音乐天后''金牌主持'等，在我的'点点中队'里，每一个孩子都能找到自信的归属。"2016年初，名班主任工作室成立至今共组织了

59场活动。以工作室为平台，让每一位成员都经历主持、演讲和策划活动的历练，短短两年间，工作室获得了6个省级奖项，主编出版《小学班主任理论与实践研究》一书，并在深圳、浙江、广州、梅州、珠海等应邀做学术报告32场，使其先进的班主任管理和建设经验得以传播，受到广大教师和在校师范生的赞誉。

"做不累的班主任"的艺术在于具有童话般的诗性语言表达和人文情怀，用儿童语言表达儿童的故事。如形容优秀班级文化是："它如一股清泉，沁透孩子们的心脾；它如一片芬芳无比的花海，给孩子们最美丽的成长天堂；它又如一双无形的手，托起孩子们美好的明天，为他们铺开了一条通畅平整的路。孩子们在这里尽情地奔跑，欢快地学习，获得了更多有趣的生活体验！"如形容自己有颗常青的童心为："庆幸我有一个班级，这个班级里有五十几个娃娃，我可以和他们谈天说地，看花看草，哭哭笑笑；可以和他们一起成长，山高水长，天辽地阔。"说明游戏对儿童学习的作用时讲："游戏中的儿童就是天使，他们一会儿文思泉涌，一会儿创意翻飞，在一节课里，准会给你带来无限的精彩与感动。"

有爱的地方就会有童心，就会有生命，就会有精彩和奇迹。"我心柔软，但却有力量。"衷心祝愿与本书有缘的所有老师、班主任、家长等，以童心为马，不负韶华，一路向暖，带着点点童心和孩子们一起叮叮咚咚奔流向大海。

杜德栎

2018年10月于广东嘉应学院

（作者系中国教育学会课程学术委员会常务理事，中国小学教育专业委员会常务理事，广东省高等学校教师专业委员会常务理事。现任嘉应学院教师专业发展中心主任，教育学三级教授。）

多措并举，追寻教育理想

（代序三）

当王小玲老师把《这样做班主任，不累》书稿放在我手里的时候，我热切而兴奋地阅读起来。读罢，心情久久不能平复——本书传递的不仅是班主任对工作的热爱与信心，而且是班主任工作实践平台的价值体现，更是为班主任所具有的终身教育内涵、班级工作发展价值、家校沟通艺术构建了对话的空间。

宝安区是深圳的经济强区，其经济的快速发展对宝安区的素质教育提出了更高的要求。不仅如此，在经济体制变革、社会结构变动、利益格局调整、思想观念变化、家庭结构趋向多元、社会文化环境较为复杂的大背景下，传统与现代价值观、成才观相互碰撞，种种的社会问题、家庭问题、学校问题和现象不能不让人反思：如何增强学校班级的力量，使得教育与时效成正比。

王小玲名班主任工作室是在这样特定背景下建立起来的，提出了"坚持班主任工作价值导向，回归班主任教育本真，联合家长提高育人质量"的理念，以遵循教育规律，追寻教育理想为价值之选，对班主任工作提出了更多思考。他们认为：如何更好地教育学生是班主任一生的命题，需要与现代教育理念、家庭和社会相结合，共同开展相关教育。王小玲名班主任工作室充分挖掘工作室各成员的特点，在注意以文化育人的前提下，坚持立德树人的教育理念，抓好班级教育，联合家庭教育，通过认知、体验、实践，感情、领悟、体悟，使之内化于心外显于行。

本书特点鲜明，角度明确。我归纳为"让每一朵鲜花都能开放在沃土上，用自己的灵魂唤醒另一个灵魂，让每一位成员在工作中获得幸福"三个特点：

一是班主任的工作人性化日益丰厚。回归人性本原，是每一位老师的目标和理想所在。班主任工作应该立足于对人的本质的触摸与感受，致力于社会人的塑造和完善。我们都知道：每一名学生都是一个鲜明的生命个体，班主任工作应将一个人的综合发展作为教育指向，突出人性关怀。因此，本书的每一篇文章，都紧贴孩子的实际需求，突出文章内容的可操作性，为读书提供更实用更易懂的工作方法，以切合孩子们的人性化发展需要。

深圳较之其他地区在教育、信息、治安、交通等诸多方面有着更为复杂、特殊的现状，身处其中的学生面对着复杂的社会环境与较为单一的教育价值取向，他们的存在及发展急需有效的教育介入。因此，工作室在建立之初就动了心思，意识到了班主任工作对孩子们的成长的重要性，人性化的工作方式便通过日常工作的侧面得以凸显。可以说，每一篇文章都是每个孩子、每位老师个性化的呈现，达到"让每一朵鲜花都能开放在沃土上"的目的，而这里的"鲜花"，所代表的不仅是学生和教师，还包括家长。

二是与家长沟通的方法切实可行。工作室以德育为主导，以班主任日常工作为实施主体，收集了与家长互动的案例，为家长进一步了解学生学习生活、心理特点、个案行为提供了切实可行的方法。

教育的意义，在于让受教育者获得辨别自己所知道的与自己所未知的东西的能力。而班主任的作用，就是要帮助家长了解和掌握学生所处的生活，让学生更好地认识到自己所知道的，准备掌握未知的，从而促进家长和学生主动地、积极地、健康地提升生命质量，实现生命的意义和价值。在此基础上，要将家庭教育放在第一位。王小玲名班主任工作室把家庭教育放在最重要的位置，以日常工作中与家长沟通时所处理的个案作为突破口，使家庭教育与班级活动、学校教育成为教师摇着纺车的手，节奏坚定、动作稳重地指导学生向阳成长。可以说，在王小玲带领下的班主任们，正试图用自己的灵魂唤醒另一个灵魂，使家长在繁重的社会生活当中面对孩子的特殊个案时，也能保持着清醒的头脑。

三是工作室的品牌发展蓄势再发。品牌来源于个性，教师的个性得到释放和张扬，便有了品牌形成的基础。王小玲名班主任工作室每一期活动都把眼光前瞻至学生的终身发展上去，在扎根于孩子们"人"本质的基础上，在班主任日常工作与工作室活动相结合中发挥出自身的光芒。而工作室给每个成员提供了适合的成长平台，他们在这个平台上得到锻炼、呈现个性、获得幸福，甚至可以看到，自己的工作原来是可以设计、可以触摸、可以感动的——"让每一位成员在工作中获得幸福"是王小玲名班主任工作室的宗旨。目前，王小玲名班主任工作室已经形成了品牌化发展，在深圳教育中有了一定程度的影响。

如今，王小玲名班主任工作室正以扎根于班主任日常工作的力度，成为凝聚人心、融合族群的互赢平台，正在走向一条从优秀到卓越的、再跨越的育人之路。

是为序。

林 茸

2018年12月31日

（林茸，高级教师。灵芝小学工会主席兼德育处主任、中国高级家庭教育指导师、华文教育国际志愿者、深圳市到马来西亚沙巴州进行国学传播的第一人、深圳市作家协会会员、宝安区国学研究会副秘书长、宝安区朗诵家协会理事。出版《月芽如梳》《旧红》《片断》以及家庭教育文集《古代家训与现代家风》、中华优秀传统文化教育《问渠》多部个人专著。在国外，连续六次前往马来西亚进行中华优秀传统文化及家庭教育学术讲座；在国内，分别在西安、贵阳、梧州、东莞等地举行家庭教育及中华传统文化教育讲座，被深圳市文明办、深圳监狱、深圳中心书城、南山书城、南山图书馆、沙头角图书馆等机构以及全市各学校邀请举行系列讲座300多场。）

优雅，从不累开始

（自序）

十几年的班主任之路走来，我听到最多的话就是："为什么你当了十几年的班主任还可以做到如此温柔、从容、优雅？""为什么从没见过你对孩子发火，孩子们还能够遵规守矩？""为什么你带出的孩子都有礼貌、懂得感恩？""你是我见过的当班主任当得最轻松、最美的一个！"

先来跟大家分享一则故事。唐朝著名高僧慧宗禅师特别喜欢兰花，于是带着一群小和尚辛勤栽培。第二年春天，山上开满了兰花，小和尚们高兴得合不拢嘴。不料一场暴风雨之后，满山的兰花被乱七八糟地打倒在地，花朵撒了一地。小和尚们看到后忐忑不安地等待高僧的数落，哪知高僧却平心静气地说："我栽花是为了寻找爱好和乐趣，而不是要得到愤怒和埋怨。"教育亦然，我们选择了教育这一行业，就把教书育人当作自己的爱好和乐趣来对待。当工作成为我们的爱好和乐趣时，便会收获"蝴蝶自来，优雅从容"的幸福。

想要让工作成为自己的爱好和乐趣，最为关键的一点是觉得这一份工作是不累的。但是光自己感觉不累还不行，如果孩子、家长都觉得很累，老师的不累就不存在。所以，大家都不累才是优雅从容的开始。

如何才能做到大家都不累呢？其一，孩子喜欢；其二，家长协助；其三，老师有成就感。如此而已。

王小玲

2018年10月27日

目录
CONTENTS

第一辑　伴爱飞翔

第二辑　童话班级

第三辑　游戏课堂

第四辑　趣味管理

第五辑　柔情沟通

第六辑　家长课堂

第七辑　班主任工作微创意

1

第一辑

伴爱飞翔

爱在左，责任在右，用生命之路陪孩子走一程，无论他是踌躇满志抑或是孤单寂寞。

努力做最好的自己

"**老**师，我家小月儿最近表现得怎么样呀？"

"小月儿无论是学习还是生活，都是我们班的骄傲。在刚刚结束的合唱比赛中担任小指挥，给我们班捧回了金牌奖杯，感谢您给我们班送来这样一位小天使。"

"太好了，谢谢老师的赞赏，我和小月儿会继续努力的。"

"老师，我那儿子没得救了，只要他不打扰别人，其他的我都不想管了。"

"嗯，这孩子在刚刚结束的班级跳绳比赛中获得第六名，好了不起！要好好表扬一番。"

"真的？看来这孩子还有两下子嘛，像我，我得回去好好陪陪他。"

这样的对话在我18年的教学生涯中上演了千遍，遍遍都有用。

常言道：失败是成功之母。但是在我看来，失败未必是成功之母，成功更能激发成功。不管是对待孩子还是对待同伴，我努力通过不同的方式让他们体验到成功的喜悦。

18年，7届，355个亲密相伴的孩子。他们如繁星、似花朵，每一颗、每一朵都有自己的灿烂，如爱心天使、宽容大师、足球王子、音乐天后、金牌主持等。在我的点点中队里，每个孩子都能找到自信。

2016年初，我主持的名班主任工作室成立，至今共组织了53场活动。我把

"成功激发成功"的理念延伸到工作室队伍的建设中。工作室提供舞台，让每一位成员经历主持、演讲和策划活动的历练。短短一年间，工作室获得了6个省级奖项。

作为一位班主任工作的践行者和班级管理艺术的传播者，我主编的《小学班主任理论与实践研究》在吉林教育出版社出版。工作室走出市区，将管理和建设经验传播到浙江、广州、梅州等地，名班主任工作室主持人培训课程广受赞誉。

我在平凡的岗位上，踏踏实实上好每一节课，仔仔细细批改好每一份作业，认认真真对待每一次谈心，开开心心组织每一次活动，和孩子、同伴体验着各种各样小小的成功。

失败未必是成功之母，成功更能激发成功。在陪伴孩子们成长的路上，要想方设法和孩子们一起创造成功，或许不能取得世俗里的功名利禄，但这又有什么关系呢？只要孩子们有意义且开心地成长，就是最大的成功。

爱在左，责任在右

他叫向上，是我教过的一个孩子。父母亲都是清洁工人，显然对他寄予厚望，所以给他取名"向上"。但是刚进班没多久，我就领教了他的"厉害"。上课时，他总是一副昏昏欲睡的模样，一叫他回答问题总是东张西望，好像刚从哪个地方回来一样，听写8个生字他能写出两个就很不错了，赶上检测基本就交白卷了。我很着急，联系他的家长得知，他的家庭条件欠佳，学习基本靠自主。于是，我坚持每节课都让他回答问题，给他安排成绩优秀的同桌加以帮助，利用放学时间给他辅导功课，但是效果并不明显，我为此暗暗叫苦。但是和他相处久了，我也发现了他的很多优点。

一次，我从老家带来艾饼分给班上的孩子吃，每个孩子一拿到就迫不及待地吃起来，但是向上却悄悄地把艾饼装到书包的小格里，咽着口水看别的同学高兴地吃着。我忍不住走过去问他："你怎么不吃呀？""我带回去给爸爸妈妈吃。"他不好意思地把头转到别的地方去了。多么孝顺的孩子啊！为此，我让他多带了两块回去，和爸爸妈妈一起吃。我还发现，每次轮到他值日，他总是干得最卖力的一个；每次春、秋游，他总是走在队伍的最后，拿着一个塑料袋捡起别人随手丢下的垃圾。看着满头大汗的他还在那儿认真地坚持着，我很感动，但是也很担忧。

向上的成绩一直不如人意，学校所有的兴趣队他都不敢去参加。在一次音乐课上，音乐老师一句赞扬的话点醒了我："向上对音准的把握还挺准确。"于是在我的一再恳求下，向上进入了学校的合唱队，我也逢人就夸向上有音乐天赋。三年过去了，向上升入一所普通中学。我一直担心，向上的学习能应付得过来吗？合唱有没有坚持下去？又是一个三年中考季，向上突然出现在我的面前，伸出他那粗壮的长手臂一把搂住了我："老师，感谢您6年前让我进入学校合唱队，感谢您对我的鼓励和信任，我考上了广州艺术学校！"

上苍是公平的，他没有给你聪睿的头脑，但是拥有善良和淳朴的良心品质也一定会让你拥有幸福。

树上没有两片完全相同的叶子，世间也没有完全相同的两个人，由于出生背景、生活环境、个人禀赋的不同，人与人之间存在很大的差异，各有自己独特的风格和特点。面对一届又一届的孩子们，我践行"爱在左，责任在右，用生命之路陪孩子走一程，无论他是踌躇满志，抑或是孤单寂寞"。

　　爱在左，责任在右，用生命之路陪孩子走一程，无论他是踌躇满志，抑或是孤单寂寞。

教育需要等待

我们做德育工作要先明白德育的目的，说起德育的目的我们可以列举很多，如习惯的培养、品德规格、文明行为等。我在亚里士多德的《尼各马可伦理学》中看到这样的句子："那种永远为自身而不为他物的目的是最完满的、绝对最终的目的，是最高的善。""善是最高的幸福"，而人的善就是合于德行而生成的灵魂的现实活动。也就是说，德育的根本目的是引导孩子向善。

小丁，三岁时的一场意外使他脸上留下了七八处伤痕。清晰记得那一天是8月30日，他第一次出现在教室门口时，把小雨、小美吓得直往我身后躲。而接下来的日子他却震惊到了我，上课打扰同学、咬杂物、扔东西；下课拔花草、捉蜗牛、打蚂蚁，把彩色笔芯拔出来在任何他能够触碰的地方留下印记……

我爱孩子，我理解这样的孩子需要更多的关注和爱护。于是，每每我都笑脸相迎、苦心规劝，在课堂上给予他特别的关注，让班级同学宽容、爱护他，为他准备各种小礼物，只盼他尽快融入班级，不要落下太远。时间从8月30日来到了10月30日，但小丁并未有多大改变，他孤独的身影依然在学校的很多角落"飘荡"，五星班级的评比因为他屡屡与我们班擦肩而过。我急了，这样下去行吗？是不是该来一次重锤敲击？是不是玉不琢不成器？于是，在他第八次拔出彩色笔芯弄得自己满头满脸的颜色，还伸出脚绊倒同学时被我拎进办公室。我把一直以来的生气、难过化作一股怒气倾倒在他身上，恶声恶气地数落着他的百般不是，说到结尾处还狠狠地加上一句："你若不改，老师将不再爱你！"可惜，他孤独的身影依然"飘荡"在校园的很多角落，唯一改变的是他看我的眼神开始变得躲躲闪闪。

又是一天，飘荡的小丁不小心瞥见我的眼神，因为"飘荡"过急狠狠地摔了一跤，膝盖破了一层皮，血正往外渗。又急又恨的我背起他就往校医处跑，不巧校医外出开会，我只好背着他跑向校外的社区医院。就在汗水从额头滑下要浸入眼眸时，一只花花绿绿的小手从背后伸过来带着汗滴温柔地划过："老师，不急，我可以自己慢慢走。"刹那间，这个让我生气难过的孩子仿佛有万丈光芒，让心急如焚的我如沐春风。我从来不知道不慌不忙、不着急能让人这么舒服，剩下的路我们相扶着走完了。

曾几何时，我孜孜以求班级是否得了流动红旗，追求某堂主题班会是否获得表扬，追求班上某种比赛是否得了第一，可我忘记了教育需要"慢慢走"。我一边羡慕牵着蜗牛散步的美好，一边却又步伐匆匆。

和小丁相扶着慢慢走完的路让我沉下心来思考：回归教育原点，摒弃急功近利，循孩子天性而为，再寻找最佳的教育生长点。再换一个角度思考，破坏力可能也是未来的创造力和生长力。只要遵循规律，引导得法，挺过瓶颈期，这样的孩子完全可能是"优秀人才"。从此，面对小丁，面对整个班级，我开始进入从容淡定的状态，不拔苗助长，坚信教育是缓慢的事业。

两年后的小丁已经不再到处涂画，还能偶尔出现在走廊的书吧了。

想起张文质在《教育是慢的艺术》一书中说道："教育是一种慢的艺术。他不能够一蹴而就，需要得到长时间积累，潜移默化，积极等待。"

最后让我们一起重温顾城的一首小诗：

> 在山石组成的路上，
> 浮起一片小花，
> 它们用金黄的微笑，
> 来回报石头的冷遇。
> 它们相信，
> 石头也会发芽，

也会粗糙地微笑，

在阳光和树影间，

露出善良的牙齿。

在山石组成的路上，浮起一片小花，它们用金黄的微笑，来回报石头的冷遇。它们相信，石头也会发芽，也会粗糙地微笑，在阳光和树影间，露出善良的牙齿。

2

第二辑

童话班级

作家王开岭在《向儿童学习》一文中说："一个人的童心宛如一粒花粉，常常会在无意的'成长'中，被世俗经验这个蟑螂悄悄拖走……然后，花粉消失，人变成了蟑螂。"这也是康·巴乌斯托夫斯基所说的"生命丢失"。在我看来，"童心教育"就是保护童心的教育，通过班级文化、活动实践等教育教学手段来体现出一种人类童年的美。

在静静地流淌中朝向完美

——灵芝小学2014届点点班三年发展规划

凡谋之道，周密为宝。

——无名氏《六韬·三疑》

一、个性点点面面观

1. 班情、生情分析

一般而言，一至三年级的孩子对学习有好奇感，却很难做到专心听讲、独立完成作业；很乐意和同学进行接触，但交谈时却不懂礼貌；特别信任老师、崇拜老师；没有相应的劳动习惯，对父母的依赖性很强；注意力不集中，情绪变化无常；行为动摇不定，不善于控制；对成功的喜悦和失败的痛苦感觉都很强烈；好奇、好动、喜欢模仿，并且有直观、具体、形象等思维特点。

2. 家庭背景分析

班上孩子大多是独生子女，娇气、依赖成风，家长望子成龙、望女成凤、不要输在起跑线上的观念依然是主流，而最重要的习惯培养却被忽视。

二、情理相融点点意

1. 班级发展理念

我的班级取名为点点中队，这是一滴自然之水、文化之水、生命之水，他们一路欢歌，志在大海。在点点中队，每一滴点点都能得到珍视，每一滴点点都能绽放自己的光芒。我们班的孩子们都被称为小点点，而我则荣幸地被称为大点点。我们的班风是"讲文明、会倾听、懂宽容、爱阅读"，我们的学风是"快乐小点点，每天进步一点点"，我们的口号是"因为有我，大家幸福"。

2. 发展目标

（1）横向目标：讲文明、会倾听、懂宽容、爱阅读。

（2）纵向目标：

时 间	原 则	主 题	子目标
第一学年	适应	点点入小溪	文明小点点：今日争做文明生，明日勇做文明人
第二学年	发展	点点汇江河	宽容小点点：我有一双宽容的翅膀
第三学年	形成	点点融入海	阅读小点点：融入阅读的海洋

三、循序渐进点点行

1. 点点入小溪（第一学年）

（1）阶段目标：激发兴趣，认识自我。

（2）具体措施：

① 通过"走进我的班级""猜猜我是谁"等活动，促进生生、师生之间的了解，初步实现点点之间的熟悉与磨合，创建有特色的点点班级文化。

② 通过"每天好习惯"十分钟训练、"每月一个好习惯"培养和"好习惯达标"等活动，有效促进小点点尽快实现"点点入小溪"的目标。

③ 班干部轮流制度，让小点点们通过班干部的工作养成自我约束的良好习惯。

④ 充分利用学校社团、校外社区、家校联盟的合力，借助"好习惯伴我行""校园运动会"等活动，提升班级凝聚力。

（3）通关考验：举行"文明小点点"颁奖典礼，颁发"点点入小溪"证书。

2. **点点汇江河（第二学年）**

（1）阶段目标：确立目标，发展自我。

（2）具体措施：

① 结合班委、家委的力量，开展体验式、团体式学习活动，从活动中发现自我的闪光点，促进点点良好学习习惯和行为习惯的养成。

② 通过"宽容别人快乐自己""我会倾听"等活动培养点点有一颗宽容感恩的心，养成倾听、尊重别人说话的良好习惯。

③ 通过阅读《好习惯口袋书》巩固前段时间习惯的养成。

（3）通关考验：举行"宽容小点点"颁奖典礼，颁发"点点汇江河"证书。

3. **点点融入海（第三学年）**

（1）目标：强化实践，提升自我。

（2）具体措施：

① 树立快乐学习的理念和营造自主学习的氛围。学习本应是快乐的、自主的。举办"好书漂流""我是小书虫"等活动，并以激励表扬为主，让点点体验到学习的快乐。只有当学习是快乐的，他们才会自主地去学，因为快乐是自主的前提。

② 举办"书法比赛""美文朗诵""和好书交朋友"等活动，营造"每天都有收获"的学风。引导点点们自己和自己比，看看今天学到了什么新知识，巩固了哪些旧知识，让自己每天都有收获，让今天的我比昨天的我有进步。

（3）通关考验：举行"阅读小点点"颁奖典礼，颁发"点点融入海"证书。

四、家校合作点点情

（1）目标：团结广大家长这一重要的教育资源，形成家校合力。

（2）措施：

① 建立班级家委会、班级微信公众号、班级家长QQ群，为家长提供沟通交流的平台，为孩子的点滴进步点赞，为学校教育在家庭的延续做好衔接。

② 创办家庭教育电子报、家长漂流日记本、家长义工大讲堂，为家长展示

自己的育儿经验，提高家长的教育积极性和教育方法的多样性。

四、结 语

有人说："想得好是聪明，计划得好更聪明，做得好是最聪明又是最好。"
因此，我将陪伴着这52个小点点在静静地流淌中走向完美。

在点点班级，每一滴点点都能得到珍视，每一滴点点都能绽
放自己的光芒。

小水滴之歌

童心是一颗颗易碎的小水滴，童心的短暂与易逝彰显魅力与价值，我们要倍加珍爱与呵护童心。结合一年级孩子的身心、学习特点和我自身的教学理念，我为班级设计了以下板块的文化建设：

一、点点星光——为孩子的好行为点赞

一年级是孩子行为习惯养成的关键时期，但行为习惯的养成却不能硬来。俗话说："好孩子是夸出来的。"所以，我认为最好的行为训练方式是表扬和鼓励。于是，我在教室最显眼、最大的一块墙壁上设立了"明星脸——我们的榜样"专题栏，目的是为了充分激发孩子们的荣誉感，以荣誉带行动。"点点星光"栏目内根据孩子们的表现设立文明星、倾听星、宽容星、阅读星等，被评上的孩子可以将自己的照片贴在栏上。让这一栏目真正地起到引领作用，让当上"明星"的优秀学生以此为荣，没当上的学生以这些优秀学生为榜样。

二、点点骄傲——因为有你我们更幸福

"点点骄傲"栏目是专门为了展示点点星光里评上四颗星的孩子制作的，并附上老师、家长的赞扬和祝福语，以激励全班的孩子向他们学习。他们是我们的骄傲，我们因他们而幸福。

三、点点分享——为阅读点灯

作为一年级的孩子，已经有了很强烈的愿望想多了解一些课外知识，同时也为了激发孩子们收集、分享资料的意识，"点点分享"栏目分别设立了"好书推荐""美文欣赏"两个小栏目，让孩子们分享自己写的绘本故事、美文等。我们相信故事有魔力，我和小点点们一起读、一起写绘，并乐此不疲。我们读绘本、读童话、读寓言，拥有了共同的语言和智力背景。读《你是特别的，你是最棒的》，创编了影像绘本《特别的点点，亮亮的点点》；读《特别的日子》，描绘了《成长中特别的一天》；读《我和小姐姐克拉拉》，写下《我们的"克拉拉"故事》；读《皮皮鲁和沙漠潜艇》，孩子们对郑渊洁的童话有了兴趣，于是购齐整套书，与好朋友、与家长比赛着看。小点点们创作了自己的第一张班报——《点点童趣日记集》。

四、点点童趣——个性展示

孩子们的学习成果是需要展示的，"点点童趣"就是给每一个孩子展示的机会。不过每一个月展示的作品都不一样，主题分为"绘画""作业""日记""试卷"等，充分让孩子们体验成功。

五、温暖点点——亲亲我的家人

"温暖点点"展示点点们的全家福，让刚刚踏入陌生校园的孩子们迅速找到家的感觉。

六、诵背《弟子规》《中华十德》——积淀国学素养

国学是我们学校的特色，一年级正是孩子们记忆的黄金时期，如果能正确地引导孩子们背诵古诗文，那将让孩子们终生难忘。我们班成立了读书学习小组，让孩子们在课余时间读书、背诵，积淀国学素养。在教室墙面贴上装饰精美的"爱人者，人恒爱之"等代表忠孝、廉耻的语录熏陶孩子、启发孩子。

七、四季教室——童心飞扬

为了使孩子们心情舒畅，班上布置了很好的佩饰，剪贴了精美的图片，以四季更替布置教室的主色调，春柳、夏荷、秋叶、冬雪，让孩子的童心充满了生命的活力。

我愿不懈地努力，带着点点童心和孩子们一起奔向知识的海洋 。

　　我愿不懈地努力，带着点点童心和孩子们一起奔向知识的海洋。

润物无声的班级文化建设

班级文化是孩子身心健康成长的基石。班级环境对孩子的影响如"润物无声"的春雨，潜移默化，难以具体估量。每个班都有自己独特的班级文化，不同的班级文化造就不同的人，优秀的班级文化能为孩子营造一种良好的学习氛围。一般来说，班级文化的建设主要分为两个方面，即硬文化建设和软文化建设。

所谓的硬文化就是指教室文化，由教室内部的布置（包括教室内黑板报及墙画的设计、教室桌椅的摆放）和教室外部的走廊陈设两方面组成；而软文化则是指班规制度、班级的思想观念、班级的价值观、班风的形成、班歌、班旗、班徽等。教室不仅是孩子学习文化知识的场所，也是促进孩子身心健康发展的主阵地。教室环境作为班级文化中的物质组成部分，是看得见、摸得着的实物，有其独特的文化价值。班级硬文化建设主要是从教室文化这一方面着手开展的，因为每一个孩子都是独一无二的，我们应该根据孩子们的学情与心理发展特点为他们量身定制属于自己的班级文化。

苏霍姆林斯基曾说："无论是种植花草树木还是悬挂图片标语，或是利用墙报，我们都将从审美的高度深入规划，以便挖掘其潜移默化的育人功能，最终连学校的墙壁也在说话。"教室文化就是如此。而挑起教室文化建设的重担不仅仅有班主任，也离不开可爱的孩子们及家长们，孩子们才是班级的真正主人。教室文化主要是由壁画文化、板报文化和走廊文化三大块构成。主要内容如下：

一、会说话的墙壁

在古代，题壁诗是一种文化风气，家喻户晓的题壁诗有崔颢的《登黄鹤楼》、苏轼的《题西林壁》、王安石的《书何氏宅壁》、杨万里的《题龙归寺壁》、陆游的《题酒家壁》。那么，我们教室内的墙壁能呈现出怎样的与众不同呢？我们也有会说话的墙壁。

墙壁上最显眼处贴着的是记录孩子们成长点滴事迹的画册，是班主任与孩子们共同完成的作品。这时的墙壁就像跟路过的人们诉说这群孩子们的成长趣事，既有趣又温馨，让人久久驻足；墙壁上贴有班主任精挑细选的格言警句，这时的墙壁就像一位学识渊博的老人，告诫孩子们只有珍惜时光、把握现在、不懈努力才能迎接更好的明天；墙壁上还贴有精美的手工画，这时的墙壁就像一本厚厚的百科全书，向人们展示着和煦春风吹过的青葱树林、调皮可爱的雪人一家、严冬傲骨盛开的寒梅、欢快呆萌的熊宝宝，还有一棵巨大的智慧树。墙壁不仅记录了这一年四季的变化，也记录着世界万物的生长，还记录着孩子们美好的童年时光。

二、多彩板报见真情

黑板报作为第二课堂的一种活动形式，也是孩子们心中美丽的彩虹。在这里，老师与孩子们携手共创，绘出他们色彩缤纷的童年，也将他们的心意通过板报传达出来。这些图案虽然看起来创意简单，但背后却也有不可忽略的感人故事。因为这些板报是孩子与老师一起合作完成的。孩子们是主力军，负责指点江山、设计板报（包括图片的构思与文字的编辑）；老师们甘愿当助手，负责为孩子们搞好后勤工作（材料的选取与颜色的搭配）。在创作的过程中，有过争执，流过汗水，孩子们还为此留下了难忘的泪水。但是不可否认的是，孩子们懂得了团队合作的重要性，而老师也在这一过程中与孩子们建立起更稳固的师生关系，彼此更加了解。

在板报的评选中，孩子们更懂得了尊重与珍惜，从此与板报结下了深厚的友谊。所以，这些多姿多彩的板报就是孩子们快乐、健康成长的见证人！

三、活色生香的走廊

我们教室外的走廊有独特的气质内涵，独一无二的存在，更洋溢着浓郁的书香，迸发着沁人心脾的芬芳和灵性。在走廊的书架上也整齐地摆放着孩子们喜爱的儿童读物，这是孩子们的图书角，是孩子们知识的海洋，每一本书都泛着淳厚的香味，吸引着孩子们好奇的目光，为孩子们创造了一个温馨、和谐的阅读空间，让他们自由自在地徜徉于知识的海洋，陶冶情操，感受大自然与人类的精妙创作。孩子们深知"读书能给人以快乐、光彩和才干"的道理，所以格外珍惜爱护书香走廊。在走廊两边还摆放着生机盎然的盆栽，有五颜六色的花朵，有打着卷的翠绿藤蔓，它们就像大自然派来的小精灵守护着孩子们，孩子们也如园丁一般精心地看护着它们。

如此异趣横生的走廊不但教会孩子们热爱学习、交流思想，还教会了孩子们热爱自然、热爱生活、尊重生命。

优秀的班级文化氛围能够帮助孩子们健康快乐地成长，培养和提高孩子的综合素质。优秀的班级文化建设需要从建设优秀的教室文化开始，而优秀的教室文化也能为孩子们的成长带来不可替代的乐趣与美妙。它如一股清泉，沁透孩子们的心脾；如一片芬芳无比的花海，给孩子们最美丽的成长天堂；如一双无形的手，托起孩子们美好的明天，为他们铺开一条通畅平整的路。孩子们在这里尽情地奔跑、欢快地学习，获得了更多有趣的生活体验！

这样做班主任，不累

　　它如一股清泉，沁透孩子们的心脾；如一片芬芳无比的花海，给孩子们最美丽的成长天堂；如一双无形的手，托起孩子们美好的明天，为他们铺开一条通畅平整的路。孩子们在这里尽情地奔跑、欢快地学习，获得了更多有趣的生活体验！

四季走廊，伴你童心飞扬

1982年，美国纽约大学教授尼尔·波茨曼出版了《童年的消逝》一书，书中的一个重要观点即捍卫童年。作者呼吁，童年概念是与成人概念同时存在的，孩子应充分享受大自然赋予的童年生活，教育不应为孩子的未来而牺牲孩子的现在，不能从未来的角度提早设计孩子的当下生活。

孩子的童心需要保护！在班级物质文化建设上，我们应该怎样落实保护童心的教育呢？孩子们共同的家——教室，可以让它充满诗情画意，洋溢着纯真与温暖。我们秉着"贴近健康、贴近性灵、贴近生活"的理念，联合家庭，帮助孩子们一起画出心中最美的彩虹，打造一间童心飞扬的教室。

教室物质文化主要包括教室墙面布置、桌椅的摆放、板报的布局、走廊的美化等。今天，我想跟大家交流的内容是走廊的美化。

孩子们的走廊美化主要包括走廊书吧、盆栽和走廊墙面的布置。我们的走廊摆放着国风书架，书架上摆满了各种书供孩子们阅读，这些书一部分由学校购买，另一部分来自家长的捐赠以及孩子们自己带过来分享的书籍。每半年对书做一期更换，更换清理出来的书送给相邻的班级，或者进行"图书漂流"活动。这些活动能够保持走廊书吧的吸引力，不断更新的书吸引了孩子们渴求新知的目光，让孩子们进进出出都能处在浓浓的书香中。

走廊的两边摆放的绿色盆栽，形态各异，种类繁多，这些花儿由各自的园丁精心看护，而这些辛勤又有爱心的小园丁不是别人，正是我们的孩子们。课间聊聊谁的花儿开了、谁的花又多了一片叶子、谁的花那儿有只蜗牛、谁的花那有一只蚂蚁……

走廊的墙壁给了孩子们充分发挥想象力的空间，这一期来个书法秀，下一期来个绘画展……在二年级下学期的春天，孩子们经过反复讨论，商定了一个主题——四季走廊。

春天来啦，我们给它穿上绿衣繁花。看那燕子在杨柳间轻快地飞舞；桃花正和蜜蜂呢喃低语；蝴蝶穿行其中，用翅膀轻抚着花瓣；小蝌蚪和妈妈一起快乐地游来游去；还有黄鹂鸟，正微笑着唱着快乐的歌儿……

春天很快就要说再见了，夏天来啦！我们布置什么好呢？有了！荷叶圆圆、夏荷尖尖、青蛙呱呱、知了鸣唱、蜻蜓飞舞……我们给它取个名字，就叫点点荷池吧。

凉爽的秋天是枫叶的家，看那似火的枫叶在秋风中像蝴蝶般翩翩起舞。

冬天终于来啦！南方长大的孩子对雪的向往都呈现在这小小的方寸之间。

孩子们穿行在四季走廊，看春花秋叶，看夏荷冬雪，看着看着就长大了！

四季走廊伴你童心飞扬！

这样做班主任，不累

　　孩子们穿行在四季走廊，看春花秋叶，看夏荷冬雪，看着看着就长大了！

吾亦爱吾班

在这春夏秋冬的季节里，我们看见鸟儿在窗外的杧果树上营造出一个安身的住所，并不时和我们交流着，有时是悦耳地鸣唱，有时是静静地凝望，有时给我们欣赏它那宁静的背影。这让我想起陶渊明的诗："众鸟欣有托，吾亦爱吾庐。"

春风徐徐，孩子们正在上课，一只鸟儿"嗖"的一声飞入教室，在孩子们的欢叫声中，不紧不慢地在教室上空来回几个翱翔，又轻巧地从窗口飞向窗边的杧果树；夏雨滂沱，风把杧果树吹得沙沙作响，只见树上鸟窝里的鸟儿泰然自若，随着树枝的摇摆悠闲地望着雨中的风景；秋风萧瑟，鸟儿飞到窗台停栖在那儿，悠闲地梳理着闪闪发光的羽毛，还不时抬头望望孩子、望望我。我赶紧用手指向孩子们示意轻声，别说话，我们50双眼睛与其相对凝望。

我想，那些鸟儿因为有树枝可以栖宿、有我们的陪伴而感到异常欣喜，我也很喜爱这间教室和孩子们。

如何让孩子们和我一起爱这间教室，爱我们共同的家园呢？我想：这间教室首先应该是安全的、快乐的、充满爱的。我要和孩子们一起经营一个有人文气息的温暖小家，让孩子们都爱回这个家。

一、做个有趣的班主任

对于有趣，梁启超曾如此诠释——"假如有人问我：'你信仰的是什么主义？'我便答道：'我信仰的是趣味主义。'凡人必常常生活于趣味之中生活才有价值，若哭丧着脸挨过几十年，那么生命便成沙漠，要来何用？"那么，怎样来体现有趣呢？

（一）在一起

下课后，在时间允许的情况下要和孩子们尽可能多地在一起，一起玩小游戏、一起下棋、一起打球、一起跳绳、一起跳校园舞、一起说笑、一起讨论时事新闻，甚至还可以一起聊聊八卦。在一起，既拉近了自己与孩子们之间的距离，还能让孩子们了解班主任除了会上课之外，还是个会玩、好玩的人。

（二）会示弱

"让老师蒙一会儿眼睛，不然眼泪会止不住。"当教师节孩子们送上写满悄悄话的祝福语时，我有些不好意思地这样说。

"我们班被批评了，我好难过，我需要安慰。"面对着一脸难过的我，孩子们一个个走上来：

"老师，算了，大人不记小人过。"

"老师，忍一下，下次不会这样了。"

"老师，我帮你按摩，这样你会舒服一些。"

"老师，我们不做小气鬼。"

听着这样的安慰，我在心中已经笑了千遍。

二、我的存在对班级有价值

"因为有我，大家幸福"，这是我们的班训。每一个孩子都可以在班级找到自己的归属和存在的价值，如杰林的讲台、浩子的电脑、绎雯的黑板、景烨的风扇、小段的文竹、凤岐的多肉植物、羽哥的签到表格、常青的人数统计、浩然的象棋管理、泽聪的书吧、鑫宜的点点银行……班级的每一物都有人代言和管理。

"浩子，电脑不知道怎么了，你过来看看。"

"泽聪，书吧的书是怎么摆放的？"

"这个我不会弄，谁来教教我？"

"谁可以帮我拔掉这根白发？"

"茉莉要怎样浇水的？你才是这方面的专家。"

这是我和孩子们的日常。

学校要开展活动，合唱比赛、跳绳比赛、朗诵比赛……

"孩子们，下周合唱比赛，我们唱什么歌？"

"老师，我觉得合唱比赛可以由我们自己来改编一首歌，因为原创歌曲可以加分哦。"

"要不要配上舞蹈？要不要邀请音乐老师来指导？谁去邀请？"

"老师，我爸爸会唱歌，我让他过来教我们。"

"孩子们，我们要开展跳绳比赛了，大家看怎么安排？"

"老师，小罗去跳单摇，浩子、小庄组合，欣然、瞳子、子乐、鹏涛可以挑战花样跳。"

"老师，我也可以跳单摇，你让我和小罗PK一下，看谁一分钟跳得多就让谁上可好？"

……

班里所有的大、小事情我都会跟孩子们商量，孩子们的创造性和积极性带来一个又一个的惊喜。孩子们也因参与其中，感受到自己在集体、班级中的价值，感受到被别人需要的快乐。

三、让班级浸润在爱的世界里

家委给孩子们制作了这样的便条贴："因为有你，我很幸福。"内容是"我要表扬×××，因为……"只要孩子们写好了内容交给我，我就会利用课前几分钟大声读出来。

"我要表扬瞳子，她把课文朗诵得非常动听。"

"我为有宇轩而感到幸福，他的班级文化建设讲解让老师连连称赞。"

"我要表扬小罗，这次听写全部过关。"

"我要表扬鑫宜，送我到校医室。"

"我要表扬小凡，他上课很用心听讲，又爱回答问题。"

在这一句句表扬的温暖话语中，孩子们渐渐懂得如何做一个让别人幸福的人。

一个教室里有一个有趣的老师，有自我价值的体现，还有爱，是不是也会有窗外那只鸟儿的快乐？"众鸟欣有托，吾亦爱吾庐。既耕亦已种，时还读我书。"

吾亦爱吾班。

孟夏草木长，绕屋树扶疏。众鸟欣有托，吾亦爱吾庐。

既耕亦已种，时还读我书。穷巷隔深辙，颇回故人车。

欢然酌春酒，摘我园中蔬。微雨从东来，好风与之俱。

泛览周王传，流观山海图。俯仰终宇宙，不乐复何如！

——陶渊明《读山海经》

别让美沉睡

近日和儿子看了季羡林先生的《槐花》，大意是季羡林先生曾与印度朋友一起参观北大校园，路过一棵槐花树，印度朋友不禁对槐花清香甜润的气味大为赞叹，然而季老却不以为然。他不禁想起自己也曾对印度的木棉花感到惊讶，而同行的印度朋友却一脸不屑。"难道多得很就了不起吗？"印度朋友睁大眼睛看着面前的季羡林。季羡林先生由此改变了自己的固有观点："越是看惯了的东西，便越是习焉不察，美丑都难看出。"他尝试永远用新的眼光看待一切事物，努力在自己的心中制造出第一次见到时的情景。"我不再熟视无睹，而是尽情地欣赏。一切眼前的东西联在一起，汇成了宇宙的大欢畅。"

于是，我不由得想起我与孩子们。从一年级到四年级，我与孩子们已经再熟悉不过了，我的课上完一个环节后孩子们便知道下一个环节要上的内容——写字、朗读、四人小组讨论、小练笔，等等。而孩子们于我也是：杰林，好文笔；羽哥，好人缘；小吉，好阅读；慧文，好歌唱；小陆，好表达……但，就仅仅这些吗？

走到今天，我们有没有因为"越是看惯了的东西，便越是习焉不察，美丑都难看出"了呢？

这学期开学，每天语文课都有几分钟的故事时间，我们把它命名为"点点故事开讲啦"。一开始由我来讲，看看孩子们谁能猜出故事的主角是谁。

"每一个人都有梦想，包括老师。"

"我知道，老师您的梦想是想成为一位优秀的教师！"

"谢谢，我的小知音，再次提醒老师不忘初心！是的，有梦想就应该去追求，但是今天老师想跟你们分享的故事是《成就别人梦想的点点》。他是四人小组组长，在选小组座位时，他第一个上来跟我说：'老师，我们坐第四组最后一个四人小组吧，我们比较高。'他参加大队委竞选，和另一个点点票数相同，还是他第一个过来：'老师，我就留在班级，为班级做事，大队委竞选就让小美去吧。'在大家中午放学离开教室后，总有他忙碌的身影在教室来回穿梭。下午回来，迎接你们的就是整齐的桌椅、干净的地面。"

"老师，我知道，他是泽聪。这节课的故事题目就叫《成就别人梦想的泽聪》吧。"

"在我们的生命当中，除了'胜过别人''压过别人''超越别人'之外，我们能否可以'成就别人'？成就别人梦想的人，终将成就自己！"

教室里掌声如雷！

"今天，老师给大家带来的是《小气鬼点点的逆袭》。这个点点经常生气，就因为一个称号——小气鬼。昨天下午拍照时，你们有看到那个小气鬼么？"

孩子们一怔，他们还不习惯我这样称呼一个小点点，虽然他们心里清楚是谁。

"昨天下午我们拍集体照时，大家喊什么来着？"

"王老师美不美？美！"

杰林来了一个拖长音："美、美、美……"还解释说这就是"桃花流水窅然去"的效果。结果，引起了大家的不满。

"邓杰林，黑不黑？黑！"

"邓杰林肥不肥？肥！"

"邓杰林小不小气？小气！"

"哈哈哈哈哈哈……"

一片狂笑，我也是笑到肚子疼。这时教室里掀起了一片笑浪，杰林自己也笑得乱颤。

"杰林平时脾气是急躁些，还爱生气，但是一到关键时刻还是又宽容又幽默的，是不是？我看这个小气鬼的称号并不适合他，大家以后就别用这个词了。"

"老师，我们给他取个'幽默哥'的名号怎么样？"教室里掌声、叫好声一片，杰林也洋溢着灿烂的笑容。

孩子们每天都期待着"点点故事开讲啦"，因为他们知道自己是故事的主角，故事里有美好、幽默、温暖、感动……

除了我来讲点点们的故事，还有点点讲点点故事、小点点讲大点点故事、大点点讲小点点故事，有些不适合当面讲的，就形成文字交给我来读，或者给同伴来读。比如：

王老师，我想对您说："您辛苦了！"上课时，您总是在前一个晚上就把内容写好，让我们第二天上课的时候看到课文中讲到的美丽风景。您讲的课又生动又好听，我们都喜欢听您讲课。

当有同学生日的时候，您总是早早地准备好礼物。每个过生日的同学都很开心，我们都想每天过生日。

当六一儿童节来临时，您更辛苦了，想着我们怎么玩才开心，想着什么奖品我们才喜欢，还想着六一儿童节的时间要怎么安排才合理，我们却只顾着自己玩，忘了辛苦安排节目、安排游戏的您，最后留下整理教室的还是您。

当同学生病时，您会叫我们做好卡片送给生病的同学，还会买一些礼物去医院里看望生病的同学。

王老师，我想对您说："您辛苦了！我爱您！"

小点点：紫琳

我与孩子们能够时时停下匆匆的脚步，发现妈妈每天接送的背影是如此美丽；发现奶奶每走几步就要回头是为了不与我走丢；发现同学弯腰轻轻拾起地上的纸屑扔进一旁的垃圾桶；发现清洁阿姨擦过的窗台闪着星星般的光亮……这周围的一切是那么美好，身边的人、事、花、草都可以进入我们的故事、我们的心灵。这让我想起刚翻了几页的《悉达多》，即便洞悉了人生的无常和虚妄，依旧热爱生活。看山看水，看叶看花。看春叶新发，翠嫩的绿，油亮泛光。正如季羡林先生所说："一切眼前的东西联在一起，汇成了宇宙的大欢畅。"

看山看水，看叶看花。看春叶新发，翠嫩的绿，油亮泛光。

快乐小点点的一天

——点点中队主题班会

我可爱的点点们刚刚从幼儿园步入小学校园，很多点点爸、点点妈开学不久就到我这个大点点面前来"投诉"了："我家点点起床还要我穿衣服！""我家点点还不懂得自己收拾书包，常常忘记带书、作业本！""我家点点还不懂得主动做作业，一定要我把作业本拿出来才开始动手！"看来我的点点们急需养成良好的日常生活习惯，学会自己的事情自己做，于是我在开学的第三周设计了这样一节班会课。

一、活动目的

（1）通过本次活动，使点点们懂得要成为一名合格的小学生，必须告别依赖家长，学会自己的事情自己做。

（2）让点点们初步学会一些自我服务的技能，养成良好的日常生活习惯。

（3）让点点们体会自己的事情自己做的重要性，激发点点们自我服务的意愿。

二、活动准备

音乐、五位点点排练好的情景剧、课件、自理小儿歌、各种学习用品。

三、活动过程

1. 学会自己穿衣服

点点A：每天早上，丁零零的小闹钟把我从睡梦中唤醒，我知道我该起床了，因为我要去上学。（音乐声起）

（情景1：胖点点还在睡觉，同组小朋友把他唤醒，胖点点表现出睡眼惺忪的样子，并呼喊妈妈帮他穿衣服）

胖点点：妈妈，妈妈，快来帮我穿衣服。

全班同学：啊，这么大了，还要妈妈穿衣服。

点点A：小胖小胖，你该自己穿衣服。

胖点点：可是我不会呀。（做害羞状）

点点A：这有什么不会的，我们来教你。

全班齐说：对，我们来教你。

（展示自己穿衣服的过程）

儿歌：

> 穿衣服，最容易，
>
> 分清前后别忘记，
>
> 小手两边伸出来，
>
> 别让衣领翘起来。
>
> 自己穿，真简单，
>
> 整整齐齐真好看。

2. 学会摆放自己的学习用品

点点A：我是一名可爱的小学生了，我知道当一名小学生上学不能迟到。（音乐声起）

儿歌：

> 背上我的小书包，
>
> 高高兴兴上学校，
>
> 看见老师行个礼，
>
> 遇见同学问声早。

（情景2：上课铃声响，点点们互相交流学校生活的快乐）

点点B：我最喜欢上语文课了，它能教我认识很多字。

点点C：我喜欢上数学课，数学游戏可有趣啦。

点点D：我喜欢上音乐课，优美的旋律使我们很快乐。

点点E：马上就要上课了，快把学习用品摆放好。

点点们在相互交流中表达自己热爱学习的情感，体会爱惜学习用品的重要性，懂得各种学习用品都有一定的作用和用途，是我们学习知识必不可少的。

（展示摆放学习用品的过程）

点点A：

（1）准备作业袋。（同学们拿出作业袋）

（2）交语文作业。（以小组为单位收齐语文作业）

（3）交数学作业。（以小组为单位收齐数学作业）

（4）准备上课用品。（以儿歌形式展示准备学习用品的过程）

点点A：带齐学习用品。

全班应答：铅笔、橡皮和直尺，铅笔盒里放整齐。

点点A：对照课表摆放书本。

全班应答：摆放语文书、摆放数学书、摆放英语书。

3. 学会自己独立完成作业

点点A：每天我都要做很多的作业，我想做一名爱思考的小学生。（音乐声起）

（情景3：点点F在完成作业时遇到了困难，不愿意自己动脑筋思考，于是停下笔来，收起作业本，等着回家爸爸妈妈帮助他。）

点点G：你怎么不做了，都做完了吗？

点点F：不会做，回家让妈妈告诉我。

（展示独立完成作业的过程）

小组展示：

组员甲：我们要自己动脑筋想一想。

组员乙：对呀，自己动脑筋。

组员丙：你看他们做得多认真呀。

4. 学会自己整理书包

点点A：晚上做完作业，妈妈要帮我整理书包，我对妈妈亲切地说："我自己整理吧，自己的事情自己做。"（音乐声起）

（展示自己整理书包的过程）

女点点：作业带齐不能少。

男点点：对照备忘录，把作业一样一样地放进作业袋。

女点点：课堂用书不能少。

男点点：对照课程表，把书本从大到小摆放整齐放进书包。

女点点：学习用品不能少。

男点点：检查铅笔盒，写字的铅笔和橡皮很重要，铅笔盒里都放好。

5. 点点们结束了一天的学习生活

点点A：一天的学习生活就这样结束了，我该早点睡了。如果起床晚了，上学就要迟到了。

6. 大点点小结

看到点点们都学会了自己的事情自己做，我很高兴，希望大家都能养成自己的事情自己做的好习惯。下周将组织大家进行一次穿衣、整理书包的比赛，希望点点们时刻提醒自己：自己的事情自己做，做一个快乐、进步、人人夸的小点点！

四、教学反思

这是一次一年级新生的主题班会，养成良好的习惯对于刚离开幼儿园的一年级新生来说非常重要。通过本次班会活动，我发现点点们有了很大的进步，课前准备及自己的事情都能有意识地努力做好。点点爸妈们都反馈点点们在家里也比较自觉了。但是良好的习惯需要不断反复巩固，因此在平时的生活中让跟点点们不断地进行重复练习。

孩子习惯的养成需要一个过程，我们可以充分利用主题班会给孩子们立规矩，并通过不断地练习、巩固成为习惯。

3

第三辑

游戏课堂

　　怎样才能让孩子们不累，鲁迅先生早就教过我们："游戏之于儿童就好比大水之于游鱼、天空之于鸟儿。"如果我们能以游戏的方式，或是用更感性的方式来互动，不管是课堂还是建立规则，就会发现，老师可以变得从容优雅，孩子们可以变得可爱而美好。

集中注意课中操

瑞士心理学团队用实验证明，在睡眠过程中，熟悉的味道能在大脑中形成记忆，睡梦中也可以学习，从而帮助孩子们更加有效地完成学习任务。同样，"休息"也是成长必不可少的环节。心理学家告诉我们，小学低阶段孩子的可持续注意力只有20分钟。在课堂，能够很明显地感受到孩子们一过半节课就开始出现分神、不耐烦、做小动作、讲话等与课堂无关的行为。那么，一节课40分钟的时间如何让孩子们保持注意力？课中操应该是一个帮助孩子们有效消除疲劳、集中注意力的不错选择。

我们设计的课中操应该具备趣味性、情境性、目标性特点，最好能与课文内容有机结合，为课堂服务。这样孩子们既喜欢课中操，又能达到缓解疲劳、集中注意力，还有助于对课文的学习理解。

下面列举语文课堂经常使用的几种课中操的类型。

1. 巩固知识

刚刚学完六个单韵母，为防止孩子们遗忘，我们可以在课中操中来一段儿歌，一边念一边使用手部动作表演：

张大嘴巴aaa，圆圆嘴巴ooo，扁扁嘴巴eee，牙齿对齐iii，嘴巴小圆uuu，嘴巴翘起üüü。

等孩子们学完拼音，我们可以这样复习：

点点头，拍拍手，我们来背声母表，

b p m f d t n l g k h j q x z c s r zh ch sh i y w

扭扭脖子，扭扭腰，我们来背韵母表，

a o e i u ü ai ei ui ao ou iu ie ue er an en in un ün ang eng ing ong

扭扭腰，踏踏脚，我们来背整体认读音节表，

zhi chi shi ri zi ci si yi wu yu ye yue yin yun yuan ying

写字时，我们可以来一段对答：

头，要正；肩，要平；背，要直；一尺一寸，要记牢。

学习课文《我上学了》巩固生字的读音时，我们可以集体练习：

"迟、迟、迟"翘舌音，"早、早、早"平舌音，"太阳""花儿"露笑脸，上学早到不迟到，不　迟　到！

2. 拓展课文内容

学习课文《金木水火土》，我们的课中操可以根据课文内容加入一段孩子们幼儿园学过的万物歌：

天地气象风雨云，日月金木水火土，山川禾苗石草竹，井田瓜果豆米蔬。

一边拍手一边朗读，一边做动作一边朗读。

学习课文《小小的船》，我们可以拓展唱儿歌，边唱边根据课文大意表演动作：

儿歌《小小的船》

词：叶圣陶　曲：胡汉娟

弯弯的月儿小小的船

小小的船儿两头尖

我在小小的船里坐

只看见闪闪的星星

蓝蓝的天

学习课文《识字四》，我们可以引领孩子们学习拓展儿歌：

蜻蜓半空展翅飞，蝴蝶花间捉迷藏。蜜蜂四处采花忙，蟋蟀草中把歌唱。燕

子徘徊南北方，蚂蚁排队一行行。

边朗读边打节奏，可以用手或用脚打节奏，也可以用点头或扭腰打节奏，还可以模仿动物动作进行表演。

3. 情景表演

一年级上册学习方位词时，可以请孩子们面向东方，也就是太阳升起的地方一起拍手念：

面向太阳，前面是东，后面是西，左面是北，右面是南。

还可以请一个孩子做导航员，一边读儿歌，一边做动作辨别方向。

学习课文《荷叶圆圆》时，可以让孩子们扮演小虫、蚂蚁、小鱼、蜻蜓、露珠、荷叶等，有的游，有的爬，有的飞……

4. 游戏放松

有些课堂确实找不到好的内容相配，还可以来一段健康歌：

抖抖手呀，抖抖脚呀，一起蹦蹦跳。拍拍手，拍拍手，上拍拍，下拍拍，左拍拍，右拍拍。伸伸我的左手，伸伸我的右手，扭扭我的小腰，端端正正坐坐好！

一两分钟的课中操很快就可以把孩子们的注意力成功拉回课堂，还能活跃课堂氛围，让孩子们怀着愉悦的心情继续学习。

需要注意的是，不是每个年级、每个班级、每节课都需要做课中操。如果孩子上课很认真，课中操就可以免做。另外，一节课什么时间做，老师也要有一定的预见性，不能等孩子们吵闹了才想到做课中操。

　　我们设计的课中操应该具备趣味性、情境性和目标性特点。这样孩子们既喜欢课中操，又能达到缓解疲劳、集中注意力，还有助于对课文的学习理解。

巩固识字玩三猜

低年级的语文课堂，一节课孩子们平均需要认识12至16个生字。为提高识字效率，我把识字融入游戏中，带领孩子们玩三猜游戏：你说我猜、你指我猜、你做我猜。

你说我猜就是把生词呈现在黑板或者PPT上，指名让其中一个孩子用猜谜语的方式让大家猜。比如"兴奋"一词，有的孩子说："我过生日，同学们都来我家玩游戏、吃美食，还送我礼物，这时我的心情是怎么样的？"再由这个出谜语的孩子点名回答，直到有人答对为止。还可以用编故事的方式，比如识记"辇"字，可以编这样的故事：两个车夫拉着车从马路上碾压过去；识记"夜不能寐"的"寐"字，可以说房子底下只有一片叶子盖在妹妹的身上，太冷了，睡不着。被点到名字的孩子到黑板前，体验了一回当老师的感觉，还带领着大家把字词熟练记忆了一遍。坐在下面的孩子也因为是同学来组织这样的活动，觉得有意思，还因为自己也能成为小老师而充满期待，注意力就更加集中了。

你指我猜就是负责猜的孩子背对黑板站立，指名另一个孩子上去指黑板上其中的一个词语，让猜的孩子指认，一边指认一边问："是'开心'吗？"下面的孩子可跟随回答"错错错，不是'开心'"，或者"对对对，是'开心'"。猜的孩子有三次机会，没猜对将由指的孩子揭晓答案，无论是猜的孩子还是其他观看的孩子，"开心"这个词通过这种方式已经深深印入脑海。通过你指我猜这样的小游戏，让孩子们在轻松快乐的氛围中掌握生词、巩固生词。

　　你做我猜就是根据动作猜词语。老师出示孩子们要认识的词语表，让孩子们自己轻声朗读，遇到不懂的可以问同桌、问老师。朗读完之后，请一个孩子上来根据词语表选择一个词语表演一个动作或者一系列动作，让大家猜猜是什么词。孩子们可以根据这个动作，按照词语表上的词语给出答案。为了让更多的孩子参与到这个游戏中来，参与回答的孩子只有一次机会。孩子们在动作猜词的过程中掌握读音、了解字义，一举多得。

　　游戏中的孩子就是天使，他们一会儿文思泉涌，一会儿创意翻飞，在一节课里带来无限的精彩与感动。

点点故事传递爱

近段时间，每节课都会讲一个关于小点点的故事，有时我来讲，更多时候是孩子们相互讲。我们还会讲老师的故事。有时孩子会比较害羞，自己不好意思讲，就用笔写出来，找同学帮忙或者老师帮忙读给大家听。

比如，有一个孩子写了"王老师，我一直想对您说些心里话"的故事。

王老师，我不知道您为我们花了多少心血和金钱，但是，我是这么认为的：您赚到的工资很多都拿来买小奖品和文具了，鼓励我们学习。每当有同学生病，您心痛得好像自己也大病一场似的。

我很自豪，因为我可以成为一名宝安区名班主任的学生，因为我有一个负责任、温柔又幽默的班主任。

每当您讲故事前，我都会期待你要讲的到底是什么故事，每次我都会全神贯注地进入您的故事世界里，在故事里慢慢畅游。

您天天教我们要自律，等我带着"自律"这两个字考上了好的大学，我一定第一个感谢您，约您再次相见。

王老师，我想对您说："我爱您，爱您这样的班主任！"

就这样，点点故事点点讲、点点故事老师讲、老师故事点点讲，哪怕三言两语都洋溢着温暖，这为营造一种积极向上的班级氛围打下良好的基础。

除了讲我们之间的故事，我还会给孩子们讲一些幽默的小故事。孩子们上课上累了，听个小故事，哈哈一笑间精气神又回来了。因为故事，孩子们特别喜欢上语文课，也特别期待上语文课。我这里给大家推荐《幽默小故事》《哈佛家训》等系列书籍，小故事大道理，对孩子们来说既有趣又有意义。

下面附10个经典小故事，每个故事里都蕴藏着一个哲理，可以随时讲给孩子们听。

一、断 箭

春秋战国时代，一位父亲和他的儿子出征打仗。父亲已做了将军，儿子还只是马前卒。又一阵号角吹响、战鼓擂鸣了，父亲庄严地托起一个箭囊，其中插着一支箭。父亲郑重地对儿子说："这是世袭宝箭，将其佩戴身边会力量无穷，但千万不可抽出来。"那是一个极其精美的箭囊，用厚牛皮打造，镶着幽幽泛光的铜边儿，再看露出的箭尾，一眼就能认定是用上等的孔雀羽毛制作而成。儿子喜上眉梢，贪婪地推想箭杆、箭头的模样，耳旁仿佛有嗖嗖的箭声掠过。果然，佩戴宝箭的儿子英勇非凡，所向披靡。当鸣金收兵的号角吹响时，儿子再也禁不住得胜的豪气，完全背弃了父亲的叮嘱，强烈的欲望驱使他"呼"地拔出宝箭，试图看个究竟。骤然间，他惊呆了—— 一支断箭，箭囊里装着一只折断的箭。

"我一直挎着一只断箭打仗呢！"儿子吓出了一身冷汗，仿佛顷刻间失去支柱的房子，轰然坍塌了。

结果不言自明，儿子惨死于乱军之中。

拂开蒙蒙的硝烟，父亲拣起那柄断箭，沉重地道："不相信自己的意志，永远也做不成将军。"

把胜败寄托在一支宝箭上，多么愚蠢！当一个人把生命的核心与把柄交给别人，又多么危险！

温馨提示：自己才是一支箭，若要它坚韧，若要它锋利，若要它百步穿杨、百发百中，磨砺它、拯救它的都只能是自己。

二、生命的价值

在一次讨论会上，一位著名的演说家没讲一句开场白，手里却高举着一张20

美元的钞票。

面对会议室里的200个人，他问："谁要这20美元？"一只只手举了起来。他接着说："我打算把这20美元送给你们中的一位，但在这之前，请准许我做一件事。"他说着将钞票揉成一团，然后问："谁还要？"仍有人举起手来。他又说："那么，假如我这样做呢？"他把钞票扔到地上，并且用脚碾它。之后他拾起钞票，钞票已变得又脏又皱。"现在谁还要？"还是有人举起手来。

"朋友们，你们已经上了一堂很有意义的课。无论我如何对待那张钞票，你们还是想要它，因为它并没贬值，依旧值20美元。人生路上，我们会无数次被自己的决定或碰到的逆境击倒、欺凌，甚至被碾得粉身碎骨，让我们觉得自己似乎一文不值。但无论发生什么，或将要发生什么，在上帝的眼中，我们永远不会丧失价值。在他看来，无论肮脏或洁净，衣着整齐或不整齐，我们依然是无价之宝。"

温馨提示：生命的价值不依赖我们的所作所为，也不仰仗我们结交的人物，而是取决于我们本身，我们是独特的——永远不要忘记这一点！

三、昂起头来真美

珍妮是个总爱低着头的小女孩，她一直觉得自己长得不够漂亮。有一天，她到饰物店买了一只绿色的蝴蝶结，店主不断赞美她戴上蝴蝶结很漂亮。珍妮虽不信，但是挺高兴，不由昂起了头，急于让大家看看，出门与人撞了一下都没在意。珍妮走进教室，迎面碰上了她的老师。"珍妮，你昂起头来真美！"老师爱抚地拍拍她的肩说。

那一天，她得到了许多人的赞美。她想，这一定是蝴蝶结的功劳，可往镜前一照，头上根本就没有蝴蝶结，一定是出饰物店与人碰撞时弄丢了。自信原本就是一种美丽，而很多人却因为太在意外表而失去很多快乐。

温馨提示：无论是贫穷还是富有，无论是貌若天仙还是相貌平平，只要你昂起头来，快乐会使你变得可爱——人人都喜欢的那种可爱。

四、为生命画一片树叶

美国作家欧·亨利在他的小说《最后一片叶子》里讲了个故事：病房里，一个生命垂危的病人从房间里看见窗外的一棵树，树叶在秋风中一片片地掉落下来。病人望着眼前萧萧的落叶，身体也随之每况愈下，一天不如一天。她说："当树叶全部掉光时，我也就要死了。"一位老画家得知后，用彩笔画了一片叶脉青翠的树叶挂在树枝上，这一片叶子始终没掉下来。只因为生命中的这片绿，病人竟奇迹般地活了下来。

温馨提示：人生可以没有很多东西，却唯独不能没有希望。希望是人类生活的重要意义。有希望之处，生命就生生不息！

五、飞翔的蜘蛛

一天，我发现一只黑蜘蛛在后院的两檐之间结了一张很大的网。从这个檐头到那个檐头，中间有一丈余宽，第一根线是怎么拉过去的？难道蜘蛛会飞？后来，我发现蜘蛛走了许多弯路，从第一个檐头起，打结，顺墙而下，一步一步向前爬，小心翼翼，翘起尾部，不让丝沾到地面的沙石或别的物体上，走过空地，再爬上对面的檐头，高度差不多了，再把丝收紧，以后也是如此。

温馨提示：蜘蛛不会飞翔，但它能够把网结在半空中。它是勤奋、敏感、沉默而坚韧的昆虫，织的网精巧而规矩，八卦形地张开，仿佛得到神助。这样的成绩不由使人想起那些沉默寡言的人和深藏不露的智者。于是，我记住了蜘蛛不会飞翔，但它照样把网结在空中。奇迹是执着者造就的。

六、阴影是条纸龙

祖父用纸给我做过一条长龙。长龙腹腔的空隙只能容纳几只蝗虫。将蝗虫投放进去，它们都死在里面了，无一幸免。祖父说："蝗虫性子太躁，除了挣扎，它们没想过用嘴巴咬破长龙，也不知道一直向前可以从另一端爬出来。尽管它有铁钳般的嘴壳和锯齿般的大腿，也无济于事。"当祖父把几只同样大小的青虫从龙头放进去，然后关上龙头，奇迹出现了：仅仅几分钟，小青虫们就从龙尾——

地爬了出来。

温馨提示：命运一直藏匿在我们的思想里。许多人走不出人生不同阶段或大或小的阴影，并非因为天生的个人条件比别人要差多少，而是因为没有将"纸龙"咬破的勇气，也没有耐心慢慢地找准一个方向，一步步地向前，直到眼前出现新的洞天。

七、成功并不像你想象的那么难

1965年，一名韩国学生到剑桥大学主修心理学。在喝下午茶的时候，他常到学校的咖啡厅或茶座听一些成功人士聊天。这些成功人士包括诺贝尔奖获得者、某一些领域的学术权威和一些创造了经济神话的人，这些人幽默风趣，举重若轻，把自己的成功看得非常自然和顺理成章。时间长了，他发现在国内时被一些成功人士欺骗了。那些人为了让即将创业的人知难而退，普遍把自己的创业艰辛夸大了，用自己的成功经历吓唬那些还没有取得成功的人。作为心理系的学生，他认为很有必要对韩国成功人士的心态加以研究。

1970年，他把《成功并不像你想象的那么难》作为毕业论文，提交给现代经济心理学的创始人威尔·布雷登教授。布雷登教授读后大为惊喜，他认为这是个新发现，这种现象虽然在东方甚至世界各地普遍存在，但此前还没有一个人大胆地提出来并加以研究。惊喜之余，他写信给剑桥的校友，当时正坐在韩国政坛第一把交椅上的朴正熙。他在信中说："我不敢说这部著作对你有多大的帮助，但我敢肯定它比你的任何一个政令都能产生震动。"

后来，这本书果然伴随着韩国的经济起飞鼓舞了许多人。因为他们从一个新的角度告诉人们，成功与"劳其筋骨，饿其体肤""三更灯火五更鸡""头悬梁，锥刺股"没有必然的联系。只要你对某一事业感兴趣，长久地坚持下去就会成功，因为上帝赋予你的时间和智慧够你圆满地做完一件事情。后来，这位青年也获得了成功，他成了韩国泛业汽车公司的总裁。

温馨提示：人世中的许多事，只要想做都能做到，该克服的困难也都能克服，用不着什么钢铁般的意志，更用不着什么技巧或谋略。只要一个人还在朴实而饶有兴趣地生活着，终究会发现造物主对世事的安排都是水到渠成的。

八、永远的坐票

有一个人经常出差，经常买不到对号入座的车票。可是无论长途短途，无论车上多挤，他总能找到座位。

其实他的办法很简单，就是耐心地一节车厢、一节车厢找过去。这个办法听上去似乎并不高明，但却很管用。每次，他都做好了从第一节车厢走到最后一节车厢的准备，可是每次他都用不着走到最后就会发现空位。他说，这是因为像他这样锲而不舍找座位的乘客实在不多。经常是在他落座的车厢里尚余若干座位，而在其他车厢的过道和车厢接头处却人满为患。大多数乘客轻易就被一两节车厢拥挤的表面现象迷惑了，不大细想在数十次停靠之中，从火车十几个车门上上下下地流动中蕴藏着不少提供座位的机会。即使想到了，他们也没有那一份寻找的耐心。眼前一方小小的立足之地很容易让大多数人满足，为了一个座位背负着行囊挤来挤去有些人觉得不值。他们还担心万一找不到座位，回头连个好好站着的地方也没有了。与生活中一些安于现状、不思进取、害怕失败的人永远只能滞留在没有成功的起点一样，这些不愿主动找座位的乘客大多只能在上车时最初的落脚之处一直站到下车。

温馨提示：自信、执着、富有远见、勤于实践，会让你握有一张人生之旅永远的坐票。

九、心中的顽石

从前，有一户人家的菜园摆着一颗大石头，宽度大约有四十厘米，高度有十厘米。到菜园的人一不小心就会踢到那颗大石头，不是跌倒就是擦伤。儿子问："爸爸，那颗讨厌的石头，为什么不把它挖走？"

爸爸这么回答："你说那颗石头？从你爷爷时代一直放到现在了，它的体积那么大，不知道要挖到什么时候。没事无聊挖石头，不如走路小心一点，还可以训练你的反应能力。"过了几年，这颗大石头留到下一代，当时的儿子娶了媳妇，当了爸爸。

有一天媳妇气愤地说："爸爸，菜园那颗大石头，我越看越不顺眼，改天请人搬走好了。"

爸爸回答说："算了吧！那颗大石头很重的，可以搬走的话我小时候就搬走了，哪会让它留到现在啊！"

媳妇心里非常不服气，因为那颗大石头不知让她跌倒了多少次。

有一天早上，媳妇带着锄头和一桶水，将整桶水倒在大石头的四周。

十几分钟以后，媳妇用锄头把大石头四周的泥土搅松。

媳妇早有心理准备要挖一天，没想到几分钟就把石头挖了起来。看看大小，这颗石头没有想象那么大，人们都是被那个巨大的外表蒙骗了。

温馨提示：你抱着下坡的想法爬山，便无法爬上山去。如果你的世界沉闷而无望，那是因为你自己沉闷无望。要改变你的世界，必先改变你自己的心态。

十、追求忘我

1858年，瑞典的一个富豪人家生下了一个女儿。然而不久，女孩患了一种无法解释的瘫痪症，丧失了走路的能力。

一次，女孩和家人一起乘船旅行。船长的太太给女孩讲船长有一只天堂鸟，她被这只鸟的描述给迷住了，极想亲自看一看。于是保姆把孩子留在甲板上，自己去找船长。女孩耐不住性子等待，她要求船上的服务生立即带她去看天堂鸟。那服务生并不知道她的腿不能走路，而只顾带着她一道去看那只美丽的小鸟。奇迹发生了，女孩因为过度地渴望，竟忘我地拉住服务生的手，慢慢地走了起来。从此，女孩的病便痊愈了。女孩长大后，又忘我地投入到文学创作中，最后成为第一位荣获诺贝尔文学奖的女性，她就是塞尔玛·拉格洛芙。

温馨提示：忘我是走向成功的一条捷径，人只有在这种环境中才会超越自身的束缚，释放出最大的能量。

　　点点故事点点讲、点点故事老师讲、老师故事点点讲，哪怕三言两语都洋溢着温暖，为营造一种积极向上的班级氛围打下良好的基础。

表情游戏养习惯

表情是表达在面部或姿态上的思想感情。马卡连柯曾经说："做老师的一定不能没有表情，不善于做表情的人不能做老师。"表情是身体语言中最基本的一种。

在课堂上或者平时的沟通交流中，我喜欢跟孩子们玩表情游戏。比如，清洁工阿姨给小姚一封表扬信："三（1）班李小姚同学利用课间帮阿姨倒厕所洗手台旁边的垃圾，还在放学的时候帮忙把厕所里摆放的盆栽全部浇上了水。阿姨谢谢小姚同学的帮忙，也想通过这封信把小姚做的好事告知班主任，告诉大家小姚是个懂事的孩子。"收到这封表扬信，我带着心花怒放的表情走进教室，把小姚的故事讲给大家听，把小姚的照片设置成教室屏幕的桌面背景，给小姚送上家委会准备的小礼物。课讲到一半可能会停下来说："今天因为有小姚我觉得好幸福、好开心。"还会在全班微信平台表扬小姚，把阿姨给的表扬信展示给学生的爸爸妈妈们看，让孩子们跟着我一起心情飞扬。那个为我们带来幸福满满的孩子该有多自豪呀。

当然也有不开心的时候，比如，班级因为乱丢纸屑被扣分了，因为某个孩子忘记带队徽、忘记剪指甲被扣分了。这个时候我会皱着眉头一声不响地走进教室，把这个扣分的消息在教室的屏幕上播放，然后沉默3分钟，3分钟后接着上课。课讲到精彩处突然打住，严肃地说："要是没有丢那一团纸就好了。""要是出门时都检查一下自己的仪容仪表就不会出现扣分现象了。"孩子们从这些表情里领悟到老师的希望，感受到集体的鼓励与约束，从而养成良好的行为习惯。

在教育教学活动中，老师恳切的语言、微笑的表情、丰富的情感本身就是很好的教育教学资源。在课堂中，孩子关注着老师的言行举止、神态表情，这些表情对孩子良好行为习惯的养成起着潜移默化的熏陶作用。苏联教育家赞科夫指出："教育法一旦触及情绪和意志领域，触及孩子的精神需要，就能发挥高度有效的作用。"老师运用自己丰富的情感体验使用面部表情、手势、目光与孩子进行交流，孩子们通过学习、模仿、体验，入情入境，受到人文性熏陶教育，获得积极的情感体验和人生价值观。

在小学的课堂，当老师用比较感性的方式跟孩子们沟通时，孩子们也会用感性的方式领悟老师的希望和期待，从而明白老师、理解老师、配合老师。

在小学的课堂，当老师用比较感性的方式跟孩子们沟通时，孩子们也会用感性的方式领悟老师的希望和期待，从而明白老师、理解老师、配合老师。

户外游戏童年乐

除了课堂游戏，我还和孩子们玩户外游戏。学完《风筝》一课，孩子们说："老师，我们也去放风筝吧。""好呀，可是我不会做风筝。"孩子们利用网络资源，用10分钟的时间分小组把风筝做好了，他们拖着四不像的风筝来到操场。这一组拖着风筝边跑边比赛背诵课文；那一组正为风筝飞不起来激烈地争论着；再看另外一组，风筝已经有模有样地在空中悠然翱翔。一位老师从我身边经过，惊讶地问："你们这么开心在玩什么游戏呀？""哈哈哈，我们在放风筝！"风筝做得四不像又有何妨？我们开心快乐就好。

还有跳绳、踢毽子、摇呼啦圈、老鹰抓小鸡、丢手绢等，花这么多的时间给孩子们玩游戏，课不用上啦？课必须上，还得上好，课前把学习目标列出来：

（1）认识12个生字，会写8个生字。

（2）熟练朗读课文，学习作者的表达方法。

如果我们能用一节课或者一节半课完成这两个目标，那就出去玩，玩的时间完全看大家的学习进度。大家都用心听讲，知识点掌握了，课堂小测都过关了，我们下一节课就去玩。孩子们那个认真劲呀，谁还敢说话，谁还敢做小动作？那就成了班级的罪人。

我还会抽空带孩子们去美术馆和科技馆，开展美食会等，别看这些跟考试无关，有时还真需要，如庄子的"无用之用方为大用"。这些走出校门的活动，一般都是由家委会组织家长协助制作美食、出行排队、联系场馆、安排讲解等事宜。

尼采说："游戏，恰恰是充溢着力量的人的理想。"只要还能游戏，便一定也能学习。只要我们全身心地投入，学习便不再是负担，不再是苦恼，会令身心得到满足。将游戏融入孩子们的学习生活中，孩子们会有意想不到的表现。

第三辑　游戏课堂

　　"游戏，恰恰是充溢着力量的人的理想。"只要还能游戏，便一定也能学习。只要我们全身心地投入，学习便不再是负担，不再是苦恼，会令身心得到满足。

4

第四辑

趣味管理

懂孩子比爱孩子更重要，走进孩子的心灵，找到适合孩子的教育方式，没有趣味、刻板的教育对孩子们来说是一种磨难。

有趣的班干部设置

大家熟知《三国演义》中的诸葛亮，26岁出山，58岁去世，辅佐刘备26年。在这26年中，他的雄才大略和高度负责的敬业精神折服了多少仁人志士。可是我们也知道在这26年中，诸葛亮有11年是大权独揽，众多事情皆亲自处理，忙得没日没夜，最终累死阵前。可见，不善授权、事必躬亲，终将累及自我。

放眼看，班主任有两种类型：一种是"自己忙"，一种是"孩子忙"。"自己忙"，即班级大小事情都自己亲力亲为，这种类型的班主任如果能力过人，班级活动、班级秩序也会因为班主任的事事关心而出色，但是也很容易造成孩子们事事依赖，只要班主任不在就很可能乱成一锅粥；"孩子忙"，即把班级任务分散到每一个孩子身上，班主任在小学1—3年级阶段比较适合担任教练角色，等到4—6年级适合扮演顾问、导演类型的角色。"孩子忙"让每个孩子都有事情要做，忙到没有时间"出状况"，忙到个人能力得到充分的展示和提升。

一、趣味班干，促进自律

我班设如下班干部岗位，长系列：常务班长、值日班长、口令班长、门长、窗长、风扇长、灯长、花长；管理员系列：走廊管理员、教室管理员、卫生管理员、讲台管理员、早读管理员、午练管理员、眼保健操管理员、排队管理员等。

在一、二、三年级时，一般都是轮流做，每周一换，保证每一个孩子都能有机会参与其中，扮演不同的角色。孩子们参与管理的过程其实也是自觉遵守规则的养成过程，比如，委任喜欢追赶打闹的孩子管理走廊，在管理的过程中不仅需要提醒同学，还要约束自己不要追跑，其实也是在内化自己的行为，相信再调皮的孩子经过这样的过程都会有不同程度地改变。这样轮流，孩子们从三年级开始就会慢慢形成心地善良、胸怀开阔、管理能力较强、不怕吃苦的好习惯，届时可以考虑安排一些固定的岗位。

二、总结反馈，巩固效果

我班的班干部每人都有一张写有全班同学名字的表格，比如，管理走廊的孩子，整理好下一节课的学习用品后就到走廊，提醒劝告追赶玩闹的同学，提醒超过三次进行扣分记录；在走廊文明交谈、阅读、下棋、折纸的同学看见一次加分一次，周五把所有的表格收回。班主任要重视班干部及时反馈的记录，一年级的孩子需要班主任或者请家委帮忙汇总分数，评选前十名的孩子进行表彰，后五名的孩子需要及时提醒并分析原因协助改正。另外设置与积分相对应的晋级等级：小点点、蓝点点、银点点、金点点等，积分达到100分升一个等级，以吸引孩子们不断巩固自己的好行为、好习惯。

三、花样称呼，保持兴趣

孩子们来到小学高阶段时，班干部的名称还可以改为：

班务总理：

（1）对班级教育、纪律、财政、卫生和文化情况全面负责。

（2）及时处理班级出现的突发性事件。

（3）研究班级存在的热点、难点问题，并及时与班主任沟通。

（4）负责统计班级的德育量化评比。

副总理：

（1）负责同学出勤、仪容仪表的检查。

（2）负责统计班级的德育量化评比，协助总理工作。

（3）分管卫生、教育、纪律、财政、文化等方面工作。

教育部长：

（1）深入了解同学的思想状况，并做好个别同学的思想教育工作。

（2）成立语文、数学、英语辅导小队，为学困生排忧解难。

（3）向各任课教师了解同学的学习动态。

（4）主抓班级学风建设。

纪律部长：

（1）负责班级纪律，配合总理工作，处理班内突发事件，建立和谐轻松的学习环境。

（2）负责课后与各任课教师交流，确定同学课堂表现优劣的名单。

（3）负责升旗集队、课间操、体育课及课外活动的组织工作，及时登记请假同学的名单和原因，并及时向相关老师报告。

财政部长：

（1）督促同学爱护公共财产，及时登记被损坏的公物，并登记损坏公物的同学名单。

（2）做好班级财政收支及保管工作，做到账目正确清楚。

卫生部长：

（1）负责安排值日岗位人员分工，指导并督促同学认真做好本职任务。

（2）对班级卫生情况全面负责。

文化部长：

（1）负责班级新闻播报工作、读书交流工作。

（2）负责组织配合学校的各类文艺活动。

（3）负责班级文化布置、植物角和图书角管理。

监察部长：

（1）监督班干部的行为，凡是发现徇私舞弊的，提交到"最高法院"，一经查实，罢免该班干部的一切职务。

（2）监察同学的日常行为，发现问题及时提交给各部长。

法院院长：

（1）调和班务干部与同学之间的矛盾，依"法"处理各种"申诉""诉讼"。

（2）与监察部门配合，监督各班干部的行为。

人大代表：

（1）与任课教师密切配合，及时收发作业，保证各项教学活动的顺利进行。

（2）做好对个别学习困难同学的帮扶工作。

（3）学习上认真刻苦，在同学中起到表率作用。

班干部的培养，尤其是低年级的班干部培养不是一蹴而就的，需要班主任耐心、细心、热心的指导和教育。多花一些心思，不断尝试，不断创新。这样不仅培养了孩子、解放了自己，更重要的是会为我们的班集体带来意想不到的收获。趣味的班干部设置既锻炼孩子们的管理能力，又让孩子们乐此不疲。

多花一些心思，不断尝试，不断创新。这样不仅培养了孩子、解放了自己，更重要的是会为我们的班集体带来意想不到的收获。

有趣的激励机制

在小学的课堂，游戏是孩子们最喜欢的学习方式。所以，无论什么学科都应尝试着与游戏相结合，即使不能与游戏相结合，也可以设计游戏的激励机制。

我班主要采用以下激励机制：

一、点点旅行记，角色扮演促进步

这个故事来自绘本故事《点点旅行记》。

我们是小水滴，我们的家是大海。那儿有可爱的鱼儿、碧绿的水草，还有美丽的珊瑚。一天，空中飞来一群大雁，向我们招呼："小水滴，快上来，跟我们一起去旅行吧！""大雁姐姐，我们没有翅膀，怎么飞起来呀？""你们可以请太阳公公帮帮忙啊！"大雁姐姐说着就急匆匆地飞走了。第二天，太阳公公刚起身，我们就着急地说："太阳公公，我们要去旅行，可是没有翅膀，请你帮个忙吧！"太阳公公点点头，放射出万道金光，照得我们睁不开眼睛，浑身暖烘烘的。不一会儿，我们的身体变轻了，慢慢地离开了大海，向空中飞去。大家快乐地叫起来："我们长翅膀啦！我们长翅膀啦！"原来，我们都变成水蒸气了。

飞呀飞呀，我们觉得有点冷了。我们三个一伙、五个一群，紧紧地抱在一起，越抱越紧，一会儿就变成一颗颗很细很细的小水滴。风爷爷带着我们在空中飘来飘去，人们把我们叫作白云。

哎呀，我们的身体怎么这么沉？越飞越累，越飞越慢，都有点飞不动了。过了好一会儿，我们想："到大地上玩玩多好呀！"风爷爷好像猜到了我们的心思，"呼啦呼啦"刮起风来。

这时，我们里面有些大胖子冷得缩成一团，又变成了小水滴，还来不及和我们告别就落下去了。只听见地上的小娃娃们欢呼起来："下雨了！下雨了！"

大伙排着队又流进了大海。

根据这个故事，我和孩子们一起制定了我们班"点点旅行记"的竞争机制。每个孩子都是一个小点点，在教室的后墙上布置情境图，分四个等级，分别是点点滴荷池、点点入小溪、点点汇江河、点点融入海。从坐姿、回答问题、作业、文明礼仪等方面对小点点们进行考核打分，积分达到100分的进入荷池，积分达到200分的进入小溪，以此类推。用积分给孩子们升级，每进入一个新的目的地将获得家委会送出的奖牌和礼物，达到"融入海"的点点将获评该学期"优秀学生""三好学生"的荣誉称号。

还可根据点点们的特点，设置小点点、蓝点点、银点点、金点点、点点王的晋级机制，激励孩子们像小水滴一样奔向知识的海洋。

二、点点银行，规范行为有作用

好孩子是表扬出来的，每个孩子都渴望得到老师的表扬和鼓励。在孩子的心中，老师的评价对孩子的自我认识有重要的作用。

从四年级开始，我就给孩子们使用"点点银行"的激励机制。

点点币就是根据孩子们在学校表现的情况、对班级贡献的多少得到数额不定的点点币，然后在学期中、学期结束时可用一定数量的点点币兑换小礼品、学习用品，甚至是星级学生荣誉。

第一步，设计点点币。在班级里宣布将使用点点银行币，并根据大家的表现会发放不同数额的点点币。点点币可以用来兑换学习用品，还可以用来推选星级学生。接下来就是设计点点币，这一任务我让孩子们自己设计，然后大家投票选择优胜者使用。设计好点点币，再由家委会联系印刷厂印刷。

第二步，制定班规。有了点点币，就需要考虑如何奖励和惩罚了。用一节班会课和孩子们一起讨论点点币的使用规则，经过讨论最终形成这样的规定：每人每周固定10元的"工资"，根据每周五班干部反馈的评分表进行分数统计，每加10分增加1元的奖励，每扣10分就扣1元"工资"，如果本周"工资"不够扣则需要通过向班级付出劳动来获得补助，或者延续到下周扣除。

第三步，实施阶段，这是最重要的阶段。老师根据已经成文的班规，选拔出几个小助手，负责管理点点币的分发和回收。在管理上分成"作业、纪律、卫生、文明"四组，各司其职。对于奖励和扣罚班币的同学登记在记录本上，然后在班级银行里领取或存入。

第四步，兑换阶段。比如，期中考试后或者学期结束后，孩子们可以拿着自己的点点币兑换奖品，或兑换星级奖章，如50元点点币可以兑换蓝点点奖章、100元点点币可以兑换银点点奖章等。

无论是使用故事激励还是角色扮演，我们的最终目标是培养讲文明、会倾听、懂宽容、爱阅读的孩子，让他们通过这些有趣好玩的游戏激励自己自律的成长。

这样做班主任，不累

　　在小学的课堂，游戏是孩子们最喜欢的学习方式。所以，无论什么学科都应尝试着与游戏相结合，即使不能与游戏相结合，也可以设计游戏的激励机制。

有趣的专属小名

自古以来，孩子一出生父母都会给孩子起一个乳名，即小名。在古代，无论是帝王将相还是平民百姓，大多都有小名，他们的小名或有趣，或儒雅，或寄托愿望，或表达深意，有着丰富的意趣。

古人为孩子起小名的出发点是为了让孩子好养活，故意用阿猫阿狗的字眼来为其命名。如西汉著名的辞赋家司马相如小名叫"犬子"，后来随着司马相如的成名，人们便纷纷用"犬子"一词来谦称自家的儿子。发展到现在，竟逐渐演变成日常用语。另外，刘禅的乳名叫"阿斗"、曹操的小名叫"阿瞒"、宋武帝小名叫"寄奴"、北宋陶谷小名叫"铁牛"、苏辙之子苏远小名叫"虎儿"……人们认为小名越是俗气，越是好养活，越是体现了父母对孩子的深沉爱意。

我自己也有父母给予的小名——"妹头"。现在自己年龄也大了，但是回到父母的身边，一声"妹头"对我来讲是最满足、最幸福的呼唤，这已经不仅仅是小名，是父母对我的爱，更是我对父母深深的眷恋。于是，我也喜欢给孩子们取一个专属的小名。比如，廖云玥，我叫她小玥儿；袁月高大一点，我就叫她大月儿；庄浩然，我叫他庄；吉言兵，我叫他小吉；高大的杨凯杰，我叫他杰哥；矮小的谭家浩，我叫他浩子，等等。当老师用这些小名称呼孩子们的时候，就会发现再调皮的孩子都能在呼唤他的时候变得温柔如棉，因为孩子能从这些属于自己的小名里感受到老师的爱。

当然，孩子有时淘气，做了什么让人难过的事情，这个时候我会给予一天不叫其小名，甚至一周不叫其小名的惩罚。看似可笑的做法，但是对孩子们来说却是天大的事情，因为自己的小名要让老师天天叫呀。

虽然小名随意，登不得大雅之堂，但是这些小名饱含了老师对孩子们浓浓的爱意，好记顺口，意趣十足。

有趣的作业评语

如果说孩子做作业磨蹭是家长的难题，那么孩子在学校不交作业就是老师的头疼事。有些孩子交了"神作"一般的作业，老师也要有一些神回复来进行PK。

（1）"老师估计是改的作业太多了，手抖了。"

　　　"对，不好意思哈，手抖就这样了！"

　　　"原谅你！"

（2）"这作业，老师手工送赞32个"

（3）"嘉佑很擅长写景，把重庆的夜景写得如此华美，也只有你这位才子能做到了。赞！"

（4）"话说这画得怎么有点像你？"

　　　"我有这么老吗！"

（5）"亲爱的小玥，字美、文美，赞一个！"

（6）"紫琳就是漂亮，会写工整的字，会编好听的故事。"

（7）"老师似乎看见一位作家和一位画家共同完成这份作业，能干的玥儿，我们向你学习。"

（8）"画得太美了！美字配好画，诗一般的女孩，你吸引着大家。"

（9）"老师也很开心，每个字都那么工整飘逸，画的小鹿斑比像绎雯那么可爱！"

（10）"慧文的字写得真漂亮，画得很专业，一份赏心悦目的作业让老师觉得好幸福。"

（11）"看到这样的作业，老师就会笑成一朵花，爱书可！课堂上能多发表点你的看法吗？"

（12）"老师，我想看您天天笑。"

有了这样的交流，有没有好想写作业的冲动呢？当然，孩子毕竟是孩子，总有倦怠期，也不是每次的作业都完美。面对不完美的作业，我们可以和孩子们商量着来。

（1）"歌王小谭！印象最深的地方，如湖水、天空，可详写呀。补上，可好？"

（2）"亲，我喜欢字配画，下面空白处留下点什么好呢？"

（3）"打雷，行吗？"

"行啊，赞！"

（4）"字写得工整美观，赞一个。"

（5）"小月儿不但会写字，画画也很出色，批改你的作业真是一种享受。"

（6）"小吉，如果给这段话加一个总结是不是更完美呢？"

（7）"完美的书写，完美的表达，爱小吉。"

"谢谢老师，爱老师。"

孩子作业不理想，不要一味地责怪他，老师最好的做法是发现他的闪光点，鼓励他、启发他、改变他。

一、给予每一个孩子积极的期望，让孩子不好意思不交作业

每一个进入到我们班的孩子，我都会尽力、尽快地挖掘其优点，比如，诚实小子泽聪、小小绳王小罗、足球小子小谭、歌王大谭、棋王浩子、孔雀公主冬儿、朗诵王子小吉、金牌主持瞳子等。一个班级48个孩子，每个孩子都能得到我和大家公认的美好爱称。在这些爱称之下的孩子都能在自己的班级找到归属感和荣誉感，一般极少发生不交作业的情况，即使偶尔有忘记的，大家一打趣：

"呀，绳王也会不交作业呀？""歌王可以用歌声把作业唱给我们听呀！"当事者往往不好意思，很快就把作业补交上来了。其实，我们赋予孩子们美好品质的同时，他们也能和我们期望的一样美好。

二、及时检查反馈，让孩子不敢不交作业

让孩子不敢不交作业，我们必须要做到及时收、及时批、及时发。每天作业的布置我都会尽量安排在孩子们精力集中的时候，比如，上课前或者下课前。作业分小组管理，组长每日收取各科作业，初步检查，对没做作业的同学做好统计，并用便条签写好交给老师。对于没交作业的孩子，或者作业完成不认真的孩子，我们必须和善与坚定并行，包括严肃的谈话，甚至寻求家长合力。比如，我会这样和孩子进行对话："作业没交，有什么事吗？""你对这件事有什么感受？""你如何解决这个问题？""老师可以怎么帮你？"尽量克制对孩子长篇大论地说教，帮助他们从自己的经历中学习，这样会更有效。对及时交作业的孩子，在班级和家长QQ群里对其进行及时表扬。孩子们知道老师对待作业是认真的，必然不敢不交作业。

三、在孩子的作业本上留下鼓励、祝福和问候，让孩子们盼着交作业

如果孩子们常在作业本上看到老师鼓励、赞扬和美好的祝福语，有时还有好笑的玩笑话，这样的作业会不会很有意思？孩子们每天都很期待老师发下作业，默默读着老师给予的评价，或者相互攀比着谁获得的表扬多一些。作业本中有了老师和孩子的情感以及生命的连接，相信离孩子们盼着交作业也就不远了。

积极期望、及时检查、正面评价，换来孩子们对作业的期待与珍惜，何乐而不为呢？

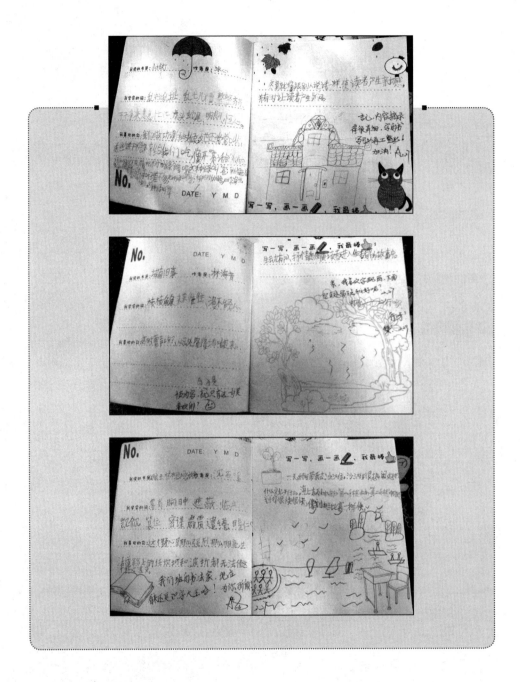

　　积极期望、及时检查、正面评价，换来孩子们对作业的期待与珍惜，何乐而不为呢？

5

柔情沟通

我心柔软，但却有力量。柔情沟通，走进家长的内心，融洽家校关系，让班级拥有积极向上的氛围，让家长觉得孩子跟着这个班主任放心、安心。

有情短信心相容

您好：上天注定让我和您及您的孩子相遇在灵芝小学一（1）班。接下来的日子，不论风雨我们将携手度过，珍惜这份缘，为了孩子们的健康成长，让我们一路风雨同舟！我们的孩子即将跨入小学一年级的大门，让我们收拾好行囊、整理好心情陪伴孩子上路。一年级我们能为孩子们做些什么呢？陪伴、引导、鼓励非常重要。我希望他们离开小学时能够是讲文明、会倾听、懂宽容、爱阅读的。想让我们的宝贝成为这样的孩子，首先我们应该是这样的人，或者努力和孩子一起成为这样的人。为了孩子，让我们一起携手前行！

家长还未见到我之前就会在校讯通里收到这样一条短信，一条温暖的短信开启了大点点们的心门，让他们对这个还未谋面的班主任有了一分暖暖的好感，为以后班级工作的推进奠定了良好的心理氛围。

平时与孩子们在一起的时候，我还会记录下孩子的每一个闪光点，将之及时反馈给家长，形成教育合力，助推孩子快速成长。

"大点点，娃儿好赞，今天在课堂非常积极地回答问题，思维灵活，课外知识丰富，让全班的孩子都为他鼓掌，晚上回去好好夸赞他一番哈！"

"大点点，我发现城哥近段时间有很多方面的进步，课堂努力克制自己不打扰其他同学，课堂作业有主动完成意识，课间也不再追跑打闹了。刚刚的语文课堂还会举手发言，声音很响亮呢！我很开心，在他的作业书写及遵守规则方面我们共同努力！"

"大点点，感谢您送了一位天使到我的班上来，她善良、友爱、宽容、好学。在刚刚结束的合唱比赛中，她的领唱为我们的比赛增添了光彩。下次的家长会给我们介绍一下经验，可好？"

在这一条条温馨的问候、提醒、感谢的短信中，我们的大点点感受到老师满满的爱意、真诚的态度和专业的能力，知道老师爱每一个孩子，所有的安排都是为了孩子们更好的发展，除了敬佩就是更好地与老师配合，哪还会给老师提什么要求呢？

我们面对的每一个孩子都不一样。所以，香蕉是香蕉，辣椒是辣椒，不能把香蕉种成辣椒，也不能把辣椒种成香蕉。是辣椒就让他辣，是柠檬就让他酸，是苦瓜就让他苦，是甘蔗就让他甜。做一个眼中有孩子、心中有柔情，懂得用爱架起家校沟通桥梁的班主任，引领家长共同构建适合孩子成长的教育环境，让班级始终处于积极向上的氛围中。家长觉得孩子跟着这个班主任放心、安心，自然也就不觉得累了。

　　香蕉是香蕉，辣椒是辣椒，不能把香蕉种成辣椒，也不能把辣椒种成香蕉。是辣椒就让他辣，是柠檬就让他酸，是苦瓜就让他苦，是甘蔗就让他甜。

2018，致我亲爱的大点点

亲爱的大点点：

新年好！

时光如白驹过隙，转眼我们便要和孩子们一起踏入四年级下学期。在四年级下学期，我们能够做些什么呢？讲文明、会倾听、懂宽容、爱阅读依然是我们前行路上的坚持。借着开学时光，让我们一起来复习一下具体内容。

我一直强调，我们是协作关系，借用苏霍姆林斯基的话："如果没有整个社会，首先是家庭的高度素养，那么不管老师付出多大努力都收不到良好的效果。"四年级下学期，我们该如何做好讲文明、会倾听、懂宽容、爱阅读呢？

一、讲文明

首先需要从自身做起，用好每一句"谢谢"。比如，进入校园时按学校要求带好接送卡，或者打个电话给老师，让老师和门卫工作人员说明一下，并不忘和门卫工作人员说一声"谢谢"。又如，带着孩子进出花园的门口，门卫工作人员给我们开门、关门，是否应向门卫工作人员说一句"谢谢"呢？一声"谢谢"是文明的起源，也是孩子文明的最好的榜样，让我们和孩子一起继续用好最简单的一句"谢谢"。

二、会倾听

我们希望孩子们倾听我们说的每一句话，那么我们应先学会倾听。当孩子已经不太爱和我们说话时，我们可以说："你能再说一遍给我听吗？多说几句话，我特别想听，也特别爱听。"当孩子向我们滔滔不绝讲个不停时，我们可以说："嗯，真的呀？真有意思！"倾听让孩子体会到被尊重、被重视的快乐，既赢得了孩子的信任，也培养了孩子懂得倾听同学、倾听课堂、倾听老师的能力，倾听是学习的基础。

三、懂宽容

那些感到幸福、有成就感的人，并不是高智商、高成就或者家境富裕的人，而是情商高的人。一个人控制情绪的能力体现了他的情商，也决定了他是否能获得幸福和成就感。家长是孩子的第一任老师，孩子的行为受家长的影响极大，帮助孩子控制自己的情绪，多说"算了""没关系""都过去了""我们也有责任"，等等。学会宽容，用一颗宽容之心对待他人，也用一颗宽容之心对待自己，更能从平凡中找寻到幸福与感动。

四、爱阅读

我儿子喜欢读书，性格开朗，热爱运动，对电子产品不痴迷，因为还有更多比电子产品好玩的游戏，比如和爸爸打球、和妈妈共读、和同学骑车、和姐姐看电影、到科技馆做志愿者、拉二胡、吹葫芦丝，等等（当然，他也还有许多许多的不足）。培养孩子多方面的兴趣爱好，转移他的兴趣点，让他感悟生活的丰富多彩远比电子产品更有意思。儿子喜欢读书的起源是亲子共读。如何共读这里不再赘述，附上鑫涛妈妈的一段话，或许会给大家带来一些启发：

我们相信，只要有心，就一定能够找到好的方式、好的创意，能够在陪伴孩子中使他学会学习，并带给他一段美好、快乐的难忘时光。这不仅仅满足孩子的需要，更能够培养出一个内心细腻、情感丰富、全面发展的孩子，让孩子更爱我们，也可以让我们疲惫的心得到平静，在享受工作之余感受真正的快乐。

2018年，让我们和小点点们一起继续走在成为讲文明、会倾听、懂宽容、爱阅读的人生路上，看看谁将是我们当中的领跑者。

最后，再次祝愿我亲爱的大点点们及家人们新年快乐、万事如意！

2018年，让我们和小点点们一起继续走在成为讲文明、会倾听、懂宽容、爱阅读的人生路上，看看谁将是我们当中的领跑者。

建好家委会，共享教育乐

好的教育一定是家庭、学校、社区相结合的教育。如何让孩子的第一任老师参与到塑造人才的事业中来，家委会是一个很好的途径。

一、建立家委会的目的

建立班级家委会的目的是充分调动家长的积极性和创造性，挖掘家长和社会的教育资源，使教育资源最大化，实现教育事半功倍、多方共赢，使孩子、家长、老师、学校共同受益。

二、如何组建家委会

1. 柔情沟通，奠定心理相容的基础

每接一个班级，在没有与家长见面之前，老师应尝试着用短信的方式进行自我介绍，宣传班级管理理念等，达到未见其人已闻其声的效果。很多家长能够通过短信在心底涌起丝丝温暖，对这个即将见面的班主任产生信赖之情。有了这样的心理铺垫，接下来的沟通就会顺畅很多。

2. 自荐、推荐，搭建家委会框架

开学一周，通过家访、早接晚送的见面了解，以及短信、QQ的沟通，老师对家长有了一定的了解。家长也可以通过自荐或者推荐的方式，先产生一名会

长。这需要老师通过日常的了解观察，看这位家长是否具备对学校教育的热情，认同家校教育的共同价值，能够理性沟通，具有团队精神，有较强的组织能力和社会影响力以及一定的家庭教育能力，能履行家委会成员的义务等。

确定好人选之后，以临时会长的名义向全体家长真诚地发出邀请，也可以利用学校开家长会的时间提出倡议，对于主动报名参加家委会的家长要表示感谢。如果班主任新接的是高年级班，家长之间已经比较熟悉，建议采用竞选的方式在家委会的大会上决定会长、副会长和其他委员的人选。

3. 交流研讨，凝聚家委力量

家委会框架已经搭好，接下来需要班主任和家委会成员一起沟通交流，沟通交流的主要内容为学校的教育理念、班主任的班级管理理念，以及需要家委会协助完成的近期工作。做好沟通后，家委会的会议就让会长和委员轮流主持召开。班主任也可以协助家委会出谋划策，制订家委会工作计划，开展班级活动，让孩子在活动中锻炼自己、展示自我，学会交往与合作。

三、家委会活动内容推荐

1. 开设家长课程

学校开展手工制作、厨艺、书法、乐器欣赏、邮票展览等实践课程，家委会积极组织家长参加，增进亲子关系，提高孩子的实践能力和综合素质。

2. 开展实践活动

积极开展系列社会实践活动，培养孩子的实践能力和社会责任感，如组织登山踏青、摄影比赛、标本采集，以及走进敬老院、福利院等（外出活动还要考虑当地教育局及学校的规定，如果有明文规定不能组织外出，建议家委会不组织此类活动）。

四、建立家委会需注意的问题

1. 安全四到位

（1）应急预案到位。

（2）安全教育到位。

（3）管理人员到位。

（4）保障措施到位。

2.沟通有规范

家委会通过QQ群、微信、短信等平台发布有关家委会的工作内容。QQ群、微信群由家委会成员创立，并设立班主任、会长、副会长等管理人员，设立群公告，规定本群的目的及入群规则等内容，禁止发布无关内容等。

教育是合力作用的结果，需要家庭与学校紧密地配合，利用好家委会这一强大的后援力量，帮助孩子成人、成才、成功。

我们认为极其重要的一点就是要使"设计人"的工作不仅成为老师的事业，也要成为家长的事业。

——苏霍姆林斯基

小组家长会，合力培养好习惯

离四年级上学期结束不到一个月了，孩子们经过才艺展示、运动会、经典诗文朗诵、读书月等一系列的活动，从不同的角度展示了自己的才华，收获了满满的快乐和自信。但是，孩子们似乎还不舍得从这多姿多彩的活动中抽身出来，无法投入到学习当中来。上周一跟孩子们上了一节主题为"目标确定，坚持到底"的班会课，但是部分孩子的情况还是需要和家长聊一聊。

一、确定时间

选择本周三（29日）放学后4：50至5：50在二楼书吧召开小组家长会，预计用时为一个小时，结束后家长和孩子一起回家。

二、准备工作

提前告知孩子，29日要召开小组家长会，在这一段时间里，孩子的学习特别认真、用心。另外，记录好孩子每天学习生活中的一些小细节，特别是一些感人的地方，比如，帮我整理了衣服袖子；讲了一句很让人感动的话；半路接过我手上的作业本；在某一课堂共回答问题几次、举手几次；值日时总是揽下最重的活儿；走廊书吧的书总是被整理得既干净又整洁，等等。记录好这些点滴的细节，以便跟家长进行良好的沟通反馈。

通知我们的任课教师，需要召开哪几个孩子的家长会，看看需不需要参加，如果不能参加是否需要交代一些相关问题。

在分组QQ群和校讯通上发送邀请，请家长们安排好时间准时参加。29日早上再次发送不见不散的提醒，把整个会议所需时间告知家长，让家长做到心中有数，并提醒其路上注意安全。

事先和门卫工作人员打好招呼，以免出现不必要的麻烦和不安全的因素。准备好茶水、椅子、作业、美文好书。有必要的话还可以邀请家长来听课，这样谈话内容会更丰富。

三、具体流程

因为是小组家长会，一个小组就十几个人，我们采用一个一个点评的方式，其他家长一起听，有些问题也能给大家带来一些启发。

收集家长在家庭教育方面的难点，并进行指导，比如，如何陪伴、如何鼓励、榜样示范、环境熏陶、和孩子一起成长等。有些问题还可以让其他家长来帮忙支招，因为自己身边的榜样学得来、做得来，更接地气。

和家长一起翻阅孩子的作业，告知家长如何检查孩子的作业（看上一次作业老师的批改，了解正确率如何；看本次作业是否完成，书写是否工整；给孩子准备错题本，收集错题并督促孩子完成错题本）。

给每个孩子定一个短期的目标，针对不同的孩子确定不同的目标，比如，课堂倾听的目标、作业书写的目标、作业完成时间的目标、文明礼貌的目标、阅读量的目标、户外运动的目标，等等。让家长有目的、有方向，集中一段时间解决一个问题，效果会比较明显，有效果才有坚持的积极性。

共读《正面管教》一书，下载电子书放到班级QQ群，全班共读，鼓励学生写读后感。

如果有必要，还可以约定下一次小组家长会的时间，反馈孩子在会后家校合育的效果以及需要加强的地方。

会后进行合影留念，提示大家回家路上注意安全。

四、结束

通过这样面对面的沟通，老师对家长有了更深层次的了解，家长也可以看到老师的努力，从而更加理解、配合老师。家长还可以详细地了解孩子在学校的学习生活情况、存在的优缺点，以及需要加强教育引导的地方，还能从其他家长身上得到一些启发，使自己的家庭教育更顺畅、更有效。

通过这样面对面的沟通，老师对家长有了更深层次的了解，家长也可以看到老师的努力，从而更加理解、配合老师。家长还可以详细地了解孩子在学校的学习生活情况、存在的优缺点，以及需要加强教育引导的地方，还能从其他家长身上得到一些启发，使自己的家庭教育更顺畅、更有效。

6

家长课堂

作为班主任，应当成为一个比较专业的家庭教育指导师，当家长遇到家庭教育难题时，可以给予及时地指导与协助。

做孩子阅读的点灯人

【设计理念】

"教改必须用高考来撬动，以推动阅读、写作的教学。"全国统一教材主编温儒敏的一番话代表了当下教育改革的决心。现在的孩子不阅读，未来可能都应付不了考试，锻炼阅读速度、提升反应能力迫在眉睫！同时，阅读面也在悄悄发生变化，哲学、历史、科技各种类型的内容都有。参与编写高中语文教材的曹文轩说："新的语文教材要对老师和孩子有制约作用，比如文章后提供的书目。这个书目不是可看可不看，而是必须看，因为要与老师的语文教学和孩子的评估直接挂钩，所以不想看都不可以。"

作为孩子阅读的点灯人的家长，更应该走在孩子的前面，阅读起来。

【讲座对象】

小学1—4年级家长。

【讲座目标】

（1）教会家长在了解孩子年龄特点的基础上对孩子进行有效的阅读陪伴、阅读指引、阅读兴趣培养。

（2）掌握文本阅读及影视阅读的正确指导方法。

【讲座提纲】

阅读分为文本阅读和影视阅读。

（一）文本阅读的引导

1. 部分孩子的阅读现状

（1）不爱读。

（2）读得浅。

（3）读了不会写。

2. 如何激发孩子的阅读兴趣

（1）建立良好的阅读环境。

（2）利用孩子的好奇心激发阅读兴趣。

（3）利用孩子的好胜心激发阅读兴趣。

3. 低年级口述作文的实操

（1）录音。

（2）修改。

（3）出版文集。

4. 家庭核心问题

没有给孩子充分的阅读时间。

（二）软阅读的引导

（1）影视阅读的现实意义。

（2）如何寻找电影中的教育资源。

（3）影视阅读与文本阅读的结合。

【讲座内容】

（一）文本阅读的引导

我把阅读分为两类：文本阅读和影视阅读。说到文本阅读，其重要性不言自明，网络、社区宣传板等无一不在向我们诉说，这是一个人成功不可或缺的能力。现在的新高考更是提出"得语文者得天下"的理念。语文是什么？其基础就是阅读与写作。

现在的孩子们在阅读与写作方面普遍存在一些问题，平时跟家长们聊天，有的妈妈说："我们家孩子呢，拿到一本书最多翻看一下图片，没几分钟就说读完了。"有的妈妈说："我家孩子是读了不少书，但就是不会用，一篇400字的作文半天都写不出来。"孩子们的阅读问题可以概括为三类：第一类是不爱读，死活都读不进去；第二类是不会读，孩子也在读，但就是读不通、读不进；第三类是读完了之后不会应用写作，这也是很多家长最焦虑的问题。针对这些问题，我从如何提升阅读和写作兴趣两个方面谈谈自己的见解。

如何提升孩子的阅读兴趣，我和大家分享几个小技巧：

第一个技巧就是在家里建立一个良好的阅读环境。什么叫良好的阅读环境？首先看书柜是不是合格。要给孩子提供一个独立的书柜，再根据孩子的年龄特点选择一些线条简洁、色彩明艳的书柜。千万不要选带门的书柜，带了门会让孩子和书之间产生一层隔膜，阻碍孩子和书本亲近。还可以找一些备选图片让孩子选择，让孩子感觉这是属于他的小天地。其次是购买书目的问题。一般我会给孩子准备两张书单，一份是必须购买的，一份是提供给孩子选购的。这个书单来自教育部推荐，有一定借鉴意义。

第二个小技巧是利用孩子的好奇心来激发阅读兴趣。对于一年级的孩子，想让他看一本书，又担心他不感兴趣，我们可以自己把书看一遍，跟孩子爸爸谈论一下书里的情节，装得非常有意思的样子，孩子问就轻描淡写地回答。还可以拿出那本书给孩子爸爸看，在孩子面前讨论书里的内容，要装作很投入的样子，孩子想参与，不搭理他，相信很快孩子就会捧起书自己阅读去了。这个方法对小学1—2年级的孩子来说还是很有用的，对高年级的孩子就没什么作用了。激发孩子的阅读兴趣我还有一个小办法。比如，要调动孩子对历史的兴趣，我们可以带孩子到历史博物馆去，给孩子请一个导游。家长可以提前一两天先和导游商量好，告诉他在恰当的时机给孩子推荐阅读书目，甚至跟孩子约定看完了再过来，相信导游一定能够激发孩子的兴趣。这个时候，孩子不用催，自己都急着要去把书买回来。如果我们每次过去都请那个导游，把一个博物馆分割成几次活动，变成一个家庭的内部课程，相信一个博物馆逛下来，孩子书也阅读了，历史也了解了，好过家长苦口婆心地引导。

第三个小技巧是利用孩子们的好胜心来激发他们阅读的兴趣。家长可以跟孩子比赛阅读，买回一堆书，跟孩子约定看看谁在一个月内看书看得比较多。一开始一定要比孩子慢一个章节，再装着要超过他的样子赶快往前看。每个人都有好胜心，尤其是孩子。但是这个方法也存在一个问题，就是孩子会不会就为了赢得比赛不认真看，到最后看了什么都不知道。所以我们还要跟孩子一起来完成任务，最好的方法是利用思维导图画出书中人物关系的图谱，还可以给这本书每一个章节的内容再取一个名字。这个方法在小学高年级能够起到比较明显的作用。

再谈关于写作的问题。孩子上一年级就有看图写话的作业，无论是看图写话还是小学高年级的作文，都是所有作业中用时最长，甚至还是一件吃力不讨好的事情。不是内容上有问题就是表达上有问题，总被要求重写、改写，孩子很难得到成就感，几次写下来就容易产生畏难情绪。我有一个行之有效的办法，叫口述作文的训练，即利用微信的录音功能让孩子口述作文。因为有些挺能说的孩子作文却写得不理想，为什么不能把说的东西写出来呢？其实这和传统的写作方式有关系。如果在纸上写了几句话之后突然觉得这个开头不太好，还有更好的开头，有没有可能把这个开头全部擦掉重新写呢？如果写到中间的时候突然有一个更好的主意，会不会把某一部分内容全部擦掉重写呢？孩子对于写作本身就已经挺头疼的，如果再把这些东西擦掉从头再写，他肯定觉得是在折磨自己。但是通过口述的方式就比较好，因为如果一句话说得不合适可以重说，这是口头表达的优势。

（二）写作的引导

如果一个孩子爱阅读，平时进行写作学习，那么他的成绩一定就不会差。数据表明，成绩排名靠前的孩子，百分之五年均的阅读量都在三十本书以上；成绩排名倒数的孩子，百分之五年均的阅读量大概不到三本书。如果家长能够意识到阅读和平时写作训练的关系与意义，那么这种能力思维能够延展到很多学科，至少在演讲和应试上是占优势的。

（三）影视阅读的引导

现在的时代是全媒体时代，网络、电视的内容可谓泥沙俱下、鱼目混珠。怎样把孩子们喜欢的内容融入学习中去，既有理趣又有情趣，这是我思考最多的一个问题，毕竟有趣才是最重要的。6—12岁的孩子是非分辨能力差，但可塑性强，这时候吸收的东西会影响他一辈子。审美、艺术鉴赏对孩子的成长是非常重要的。

张艺谋的《英雄》当初挺有影响的，现在看还是挺好看，画面颜色、人物造型、服装设计、音乐、语言都很美。但我们看电影不能仅仅看到这些，带孩子看电影要想到这不是一个普通的娱乐，而是一本教材、一个资源、一个文本，要通过看电影来增加孩子的知识、能力与智慧。我们设计这样一个问题："孩子，你知道为什么满天的黄叶变红了吗？"孩子可能回答不上来，我们应解释这叫镜头转换，前面用的是客观镜头，就是第三方在看，把看到的传给观众，后面用的是主观镜头。镜头转换是一种拍摄技巧，也是一种写作手法，叫作移步换景，写游记的时候经常用到。换一个角度，看到的风景也是不一样的，正所谓"横看成岭侧成峰，远近高低各不同"。这个片段看完是不是感觉知识有所增加，能力也有所增加呢？所以，我们利用影视资源的阅读，最好能从这个角度解读。

最好的电影往往是文化电影，什么是文化？为文所化。凡经历过人改造的事物都是文化，桌子、椅子、房屋都是文化。

我们可以借鉴豆瓣网的网评，给孩子们一些有价值的引导。这里给大家推荐一些电影与文本相结合的影片，从电影入手引领孩子进入阅读的世界，如《九色鹿》《没头脑和不高兴》《葫芦兄弟》《极地快车》《丁丁历险记》《了不起的狐狸爸爸》《牧羊猪》《小淘气尼古拉》《波普先生的企鹅》等。

（四）结束语

一个优秀的人应该是亲近文学的，亲近文学的方式就是阅读。阅读那些经典，在故事和语言间得到和世俗不一样的气息，优雅的心情和感觉也同时滋生出来。

文学是一盏灯，只要你亲近过它，那么不管怎样的境遇、做怎样的职业，它都会无声无息地照亮你，使你有可能为一个城市、一个家庭的房间添置了经典，添置了可以供世代的人欣赏和享受的美。谁会不想要这样的一盏灯呢？让我们成为孩子阅读的点灯人吧。

（以上内容参考任为新教授的《多媒体时代家庭教育文化思考》）

孩子阅读习惯的养成离不开家长的榜样和引导，让老师和家长一起成为孩子阅读的点灯人，照亮孩子阅读的路。

如何做一名合格的一年级家长

【教学目标】

孩子上一年级了，作为家长应该做好哪些方面的工作，促使孩子从幼儿园向小学顺利过渡，以便完成一年级的学业，养成良好的生活、学习习惯？

【教学时间】

60分钟。

【教学过程】

导语

亲爱的家长们：

在芸芸众生中，我们选择了灵芝小学，相聚在这里，这是我们的缘分。让我们珍惜这份缘，为孩子们的健康成长而努力。

教育是全面的，成功的教育来源于家庭、学校、社会等诸多因素的合力。在知识信息爆炸的时代，如何让我们的孩子成为对社会有用的人才，实现我们心中完美的人生轨迹？面对一年级的孩子，我们可以做些什么呢？

（一）如何和老师沟通

为什么把和老师沟通放到第一位呢？开学到现在，一年级办公室里每天都会有家长询问孩子的情况，电话、信息更是铺天盖地，全校最热闹的地方就属一年级办公室了。可是，如果不懂如何与老师沟通，不仅会增加老师的负担，还会浪费自己的时间，还收不到良好的效果。要对老师多一些理解，多一些尊重，使家校教育形成合力。因此，家长应该注意以下几个问题。

1. 利用零碎的时间和老师联系

家长可以利用接孩子的时间、孩子做值日的时间、晚间20：00—21：00点的时间和老师联系。接孩子时可以和老师简要了解一下孩子一天的表现，关注值得表扬的和需要改进的地方。孩子值日时，家长可以进入校园观察孩子所在的班级墙上的评比栏、张贴的标语、孩子们的画作、课程表、班级约定等，通过这些小细节了解孩子在班级的表现，并通过标语了解学校、班级的培养目标。比如，我们班的培养目标"讲文明、会倾听、懂宽容、爱阅读"就张贴在教室后面黑板的上方，学校的校训是"有爱"。家长了解这些信息可以和学校一起联手，在生活中和孩子一起践行这些理念和要求。晚间20：00—21：00点的时间，主要是通过短信沟通孩子需要特别关注的地方。

还可以邀请老师到家里家访，家长需要做的是教孩子文明礼仪，收集孩子的作品、成长小故事，整理自己的教育方法及对孩子的期望。老师可以从孩子的文明礼仪中感受到家庭良好的教育方式，从孩子的作品、成长小故事中了解孩子的品格特点，从家长的教育陪伴及期待中了解孩子的成长方向。有了这些了解，老师在学校的教育才能做到因材施教。

我们利用这些零碎的时间跟老师沟通，在方便大家的同时能及时了解孩子、了解学校、了解老师，大大促进家校之间的相互了解。

2. 与老师默契配合

小学一年级的孩子向师性非常强烈，如果家长在孩子面前否定老师，会造成孩子对老师产生厌恶等不良情绪。"亲其师，信其道。"一开始就不喜欢自己的老师，以后将会成为难管教的孩子。另外作为家长，向老师了解的不仅是分数，更应看重孩子的学习主动性、学习态度、作业情况和品德表现。

3. 经常与老师"互通情报"

这可以帮助老师更全面、更深刻地熟悉和理解孩子。如家中最近是否有人生病或发生了父母离异、家长失业、搬迁等可能影响孩子在校学习生活的变化。如果发现孩子在学习上有问题，应让老师尽早知悉，以便采取相应的措施。只有全面、客观地熟悉孩子的长处和短处，家长才能与老师"合力一处"，帮助孩子在学习上不断取得进步。基于孩子的成长，老师和家长是站在一起的，所有的付出都是为了孩子的进步。

（二）一年级的孩子需要养成哪些良好的习惯

小学低年级是习惯养成的关键期，家长要抓住这一关键期培养孩子的各种习惯，等到高年级再来培养就会事倍功半。

1. 养成良好的生活习惯

（1）自己整理学习用具。

（2）自己收拾房间。

（3）自己穿衣，做一些力所能及的家务。

（4）会体贴、关心他人。

2. 养成良好的学习习惯

（1）正确的读书、写字姿势的好习惯。

（2）按时完成作业的好习惯。

（3）上课专心听讲的好习惯。

（4）和别人合作学习的好习惯。

3. 养成良好的卫生习惯

（1）勤剪指甲勤洗手。

（2）不吃或者少吃零食。

（3）不乱扔垃圾。

4. 养成良好的安全习惯

（1）认真遵守学校的作息时间。

（2）不在楼道内追逐打闹，上下楼梯不推不搡。

（3）遵守交通规则。

5. 养成文明懂礼貌的好习惯

（1）会说文明用语：请、您、您好、谢谢、对不起、没关系、再见。

（2）会使用体态语言：微笑、鞠躬、握手、招手、鼓掌、右行礼让、回答问题举手起立。

（3）不说脏话粗话，不在教室内大喊大叫。

（4）孝敬父母长辈，尊重老师。

6. 养成爱护公物的好习惯

（1）爱护桌凳，不乱涂乱抹。

（2）爱护校园内的公共设施，不用脚踢手划。

（3）爱护教室的门窗，轻关轻开。

（4）爱护班上的卫生工具，用后保管好，不乱丢乱放。

7. 养成热爱班集体的好习惯

（1）遵守学校规章制度，不给班级抹黑。

（2）尊重任课教师，主动完成作业。

（3）积极参加集体活动，努力为班集体争光。

（4）认真值日，保持教室、校园整洁。

良好学习习惯的培养不是一朝一夕的事情，需要孩子长期不懈地努力，需要家长和老师耐心配合，有意识地训练和强化。此外，老师和家长要做好表率作用。

习惯不是挂在口头上就可以形成的，而是从一个个具体的活动中获得的。走在路上告诉孩子靠右行、不闯红灯，并在孩子做错时立刻制止，孩子按要求做到时给予表扬和鼓励。每一个习惯的养成都来自细节的践行，孩子看多了、做顺了，也就形成了习惯。

（四）家长如何辅导孩子学习

一年级的孩子因为识字量不多，很多作业需要家长帮忙。另外，孩子养成良好的作业习惯也需要家长的耐心陪伴。

1. 如何检查孩子的作业

孩子读一年级，家长重点检查字迹是否书写端正。做完作业时，家长发现有不正确的地方，不要指出具体错误之处，而是说出大体范围，如"做得不错，但这个题有些不对的地方，你再看看"，或者在有问题的地方画上一个小圆圈，让孩子自己找出不正确的地方，加以改正。

2. 不要盯着孩子写作业

有的家长喜欢盯着孩子做作业，一旦发现有问题，一边帮着孩子涂擦，一边批评孩子："怎么搞的，又做错了，总是改不掉。""说过多少遍，就是记不住，气死人了！"孩子在这种紧张、焦虑的氛围中学习，学习的兴趣和能量之门还能打开吗？这个时候，无论家长再怎么说教，孩子也是听不进去、改不过来的。

我的做法是首先问一下孩子有多少家庭作业，然后和孩子一起读一遍题目，看孩子理解了题目意思就叫孩子自己去做，我们做自己的事，不轻易打扰孩子，等他做完了再按上述方法检查。

3. 培养孩子专心写作业的习惯

孩子写作业不专心、爱拖拉，针对这个问题我提几点建议。

（1）利用"限时鼓励法"来纠正。首先了解一下孩子的作业量，心里估计出完成的时间，然后征询孩子，如"语文40分钟能做完吗？数学30分钟能做完吗？如果在规定的时间做完，就给你贴上1颗小星星，当达到5颗小星星的时候，爸爸会奖励一个你喜欢的东西或带你出去玩"。通常情况下，孩子是乐意接受的。若发现孩子写作业时有走神、不专心的表现，可在旁边提醒一下，如"已经做了15分钟了，加油，小星星在等着你呢"。这时，孩子会集中精力继续做下去。

需要提醒家长注意的是，这种"限时鼓励法"是为了纠正孩子做作业拖拉的坏习惯，孩子在规定的时间内将作业写完就算达到了目的，要给予表扬。至于作业质量是否满意，则是下一步的事。只要孩子有了一点点进步就要称赞，不能说"虽然在规定时间内完成了，但写得不认真，还做错了几道题，快去改改"。如果这样处理问题，不但不能纠正孩子做作业拖拉的习惯，而且会打击孩子学习的积极性。如果换一种方式说："你在规定的时间内做完了作业，这很好，爸爸首先给你贴上一个小星星，继续加油。只是这儿好像做得不对，你自己再去检查一下好吗？"我想，如果这样对待孩子，那么他一定会高兴接受的。做家长的要有耐心，只要孩子有一点进步，就是值得高兴和称赞的事。培养孩子学习的好习惯要一步一步做，不能性急。

（2）利用"中途安抚法"来纠正。当发现孩子做作业走神、拖拉，家长感到必须制止时，可以走到孩子身边，边用手抚摸他的头边说："是不是遇到了难题做不下去了？要不要妈妈帮你一下？"要这样先把孩子的注意力拉回到学习上。通常情况下，孩子会说没有难题，这时大人要表现出一种平静的神情："你很能干，马上会做完的，妈妈等着你好吗？"这种方法首先中止了孩子走神、拖拉的行为，更使孩子明白大人在关注他，希望他快一点完成作业。

对待做作业拖拉、不专心的孩子，不能总是用责怪、数落、抱怨的语言进行说教，因为越是责骂、数落孩子，越会加重他的坏习惯。

（3）利用"直接要求法"来纠正。如果上述两种方法都不管用，那么只能用"直接要求法"来纠正。这种方法就是事先了解孩子的作业量，然后直接提出完成的时间，如："今天的语文作业不算多，用20分钟完全可以做完，数学稍微多一点，用35分钟可以做完。如果在规定时间内没完成，到了时间爸爸便会收起你的作业装在书包里，不能在家继续做了。老师发现你的作业没做完会处罚你的，由此产生的责任完全由你自己承担。当然，如果你觉得时间不够，现在可以提出来，我们再商定完成时间。"大人说到就要做到，在执行这一规定时情绪要平静，不能发火，要让孩子明白大人说话是算数的，不是闹着玩的。

这种方法是不得已而为之，带有强迫性，要事先与老师取得联系，请老师做好配合，以免老师认为家长不检查作业，把教育孩子的责任都推给了老师。

4.如何点拨孩子做习题

（1）让孩子反复读题。许多题目并不难，只是孩子缺乏耐心阅读原题，往往只看了一遍就感到不会做，这是一种消极的心理暗示。如果家长总是迁就孩子的这种消极心理，立即告诉他如何做，甚至将算式都列好了，就会使孩子养成遇到问题不想思考、依赖他人解决的坏习惯。正确的方法是告诉孩子："你很聪明，妈妈相信你，只要多读几遍原题，你会做得出来的。"当孩子做出来以后，家长要高兴地称赞："我就说你很聪明吧，只要仔细读题就会做了。"这时，孩子也一定会高兴起来。

孩子不会做的题，家长坚持让他"再读一遍、再读一遍……"不轻易告诉他答案，这种鼓励式的读题法能"逼"出孩子主动学习的兴趣，从而帮其获得自信。

（2）用例题做辅导。对于孩子经过思考实在不会做的题目，家长也不要直接说出题的解法，最好的方法是根据原题编一个相似的例题，与孩子一起分析、讨论、弄懂、弄通例题之后，再让孩子去做原题。由于弄懂了例题，孩子多半会做原题。如果仍然不会做原题，那么应再回到例题的讨论与讲解上。经过几个来回，只要家长耐心引导，孩子一定会做原题。这种做法虽然让家长麻烦一些，但能训练孩子举一反三的迁移能力，否则孩子总是处在就题解题的被动思维定式中，很难建立学习思维的迁移模式。

会学习的孩子就是具备了举一反三的迁移能力，能以弄懂例题为基础应对千变万化的习题，这就叫作"活读书"，而不是"死读书"。有的家长似乎很疼爱孩子，生怕他多动脑，一遇到难题就告诉其解法，这是一种不好的做法，应该避免。

（五）做个有智慧的家长

孩子的健康成长需要家长的智慧。有智慧的家长并不是要求家长高学历、高能力、高地位，而是指家长要善于通过言传身教，把理性的教化、爱的滋润、美的熏陶有机结合起来，倾注到孩子的成长过程中，指导孩子学会做人、学会学习、学会交往，使自己的孩子健康地成长。

孩子的成长有其自身的规律，有智慧的家长会遵循这些规律，培养出有个性的孩子。

1. 每天过问孩子在校的情况

（1）让孩子讲一讲。家长应主动询问孩子在校表现，想办法让他们"学舌"。孩子不会系统地、有顺序地叙述，家长可以有目的地按时间顺序问，让孩子慢慢想，一件事一件事地说，培养孩子说话的条理，同时锻炼他们的观察力和记忆力。

（2）让孩子比一比。鼓励孩子和其他小朋友比，哪个小朋友专心听讲、回答问题时声音洪亮，哪个小朋友讲礼貌、讲卫生等。孩子表现欲萌发，开始明白自尊和上进，不甘落后。比的过程会让他们分清是非美丑，促进孩子由"知"向"行"的转化。

（3）对孩子赞一赞。有许多家长常常以工作、生活繁忙为由，忽视赞美自己的孩子。也有的家长担心因为赞美会使孩子产生骄傲自满的情绪，所以吝于赞美。但是，孩子有错误时又会责骂，甚至进行惩罚。其实，这些做法对孩子的健康成长都是极为不利的。

家长与孩子之间有一种很微妙的关系，那就是孩子会依照家长对待自己的方式来对待自己。如果家长经常批评和打骂孩子，对孩子训斥多于鼓励，孩子往往不相信自己的能力，总是甘居下游，不敢想，不敢问，更不敢干，对自己的前途常怀恐惧无望之心。因此，家长不管每天多忙都要通过各种渠道向孩子传递六种主要信息，形成一张支持孩子的网络。

这六种主要信息包括：我相信你；我信任你；我知道你能处理好各种生活问题；我在倾听你的意见；我关心你；你对我很重要。

2. 让孩子给父母"讲题"

让孩子看一看。一年级知识浅显，又少留家庭作业，家长要了解孩子的学习情况，只有从他们读书、给家长讲题等方面来判断。每天让孩子看课本，可以提早了解孩子在知识上的欠缺，如能及时给予辅导，也可以培养孩子良好的学习习惯，掌握复习方法，逐渐形成独立学习的能力。

3. 帮孩子明确学校要求

让孩子练一练。学校里学习内容丰富多彩，上课、做操、唱歌等每项内容都有具体要求，习惯的培养也很严格，如队列、坐立走的姿势、书的摆放、举手回答问题等，都要按常规要求去做，要从礼貌、卫生纪律、习惯等方面的点点滴滴入手、一件一件地练，这是培养孩子良好行为习惯的最佳时期。

比、看、练的形式活泼，符合孩子的心理特点和年龄特点，可以唤起其强烈的求知欲望，调动他们学习的积极性，帮助他们尽快喜欢学校生活。

4. 不要只关注孩子的在校读书情况

很多家长以为，孩子在学校就是读书而已，其他的都是小事，犯不着天天揪着不放。但是，平时的一些小毛病聚集起来也会对孩子人格的发展有很大的影响。一个人成功的因素中情商占80%，智商只占20%。现实中健全的人格、时代的个性和良好的社会适应能力才是成功的基石。养成良好的行为习惯是孩子必须接受的教育。

（六）推荐参考书目

（1）《人生设计在童年》（高燕定著）

（2）《妈妈伴你琴声飞扬——一个单亲母亲培养"双博士"的奇迹》（吴章鸿著）

（3）《每天进步一点点——打开成功之门的197个道理》（吴章鸿著）

（4）《培养智慧的孩子》（黄全愈著）

（5）《做最好的家长》（李镇西著）

（6）《支点与守望》（黄沧海著）

（7）《做最好的自己》（李开复著）

　　一年级是习惯形成的关键期，尤其是学习习惯。孩子们刚刚接触系统的知识学习，一年级就把学习习惯培养好了，后面的学习之路就会走得顺畅一些、快乐一些。

严爱相容，耐心坚持

一、一次对话

"今天让他坐我的车，我带他一块儿去，一块儿回。"

"谢谢，不用了，我和他约好了，四年级开始自己坐公交车来回。"

"没关系的，我也是顺路。"

"真不用，我得让他明白自己的事情自己做。可以买玩具，但是得用自己的劳动来换，如扫地、洗碗、收拾房间等。"

二、一幕场景

几个好朋友正边聊天边愉快地吃着小龙虾，孩子已经吃饱饭在房间做作业。一会儿，孩子拿着作业走到妈妈身边，妈妈立刻放下手中的龙虾和孩子走到客厅一角耐心讲解。一番言语后孩子回房间去了，妈妈继续回到餐桌上边吃边聊。大概过了十分钟，孩子又出来了，妈妈立刻放下手中的美味，又跟孩子走到客厅的一角，只见两母子开心地交流着。很快，孩子一蹦一跳出来了："我的作业做完了，看书去。"

旁边的好朋友发话了："你这妈妈够耐心，要是我，老这么打扰我，早被我吼回去了。"

妈妈云淡风轻地说："不能这样，兴趣是最好的老师，我用这样的行动告诉他，妈妈重视你的学习，学习比一切事情都重要，在学习上需要妈妈协助的时候，妈妈会第一时间给予你帮助。"

三、一则家训

1.《颜氏家训》教子篇

原文：

上智不教而成，下愚虽教无益，中庸之人，不教不知也。古者，圣王有胎教之法：怀子三月，出居别宫，目不邪视，耳不妄听，音声滋味，以礼节之。书之玉版，藏诸金匮。生子孩提，师保固明，孝仁礼义，导习之矣。凡庶纵不能尔，当及婴稚，识人颜色，知人喜怒，便加教诲，使为则为，使止则止。比及数岁，可省笞罚。父母威严而有慈，则子女畏慎而生孝矣。

译文：

上智的人不用教育就能成才，下愚的人即使教育再多也不起作用，只有绝大多数普通人要教育，不教就不知。古时候的圣王有"胎教"的做法，怀孕三个月的时候，出去住到别的好房子里，眼睛不能斜视，耳朵不能乱听，听音乐、吃美味，都要按照礼义加以节制，还得把这些写到玉版上，藏进金柜里。但胎儿出生到幼儿时，担任"师"和"保"的人就要讲解孝、仁、礼、义，引导学习。普通老百姓家纵使不能如此，也应在婴儿识人脸色、懂得喜怒时就加以教导训诲，叫做就得做，不叫做就得不做。等到长大几岁，就可免鞭打惩罚。只要父母既威严又慈爱，子女自然敬畏谨慎而有孝行了。

2. 一点感悟

想起龙应台的一篇文章《父母是有有效期的》，提醒我们要在有效期内努力，因为时间过得很快，不然将来只有叹气、摇头的份儿。小学正是习惯养成的黄金期，也是家长对孩子实施教育的黄金期。这一时间段，为人父母者应该积极担负起教育的任务，就像前文中的妈妈一样，严爱相融，耐心坚持，和孩子一起好好努力。

我今天在苏大的校园看到一片粉紫的小花，浅黄的花蕊、细长的茎，在绿色的草丛中随风摇曳、深深浅浅，像一群快乐的孩子轻吟浅唱，使人不禁愉悦起来。就让我们时时带着愉悦陪伴孩子一起成长吧。

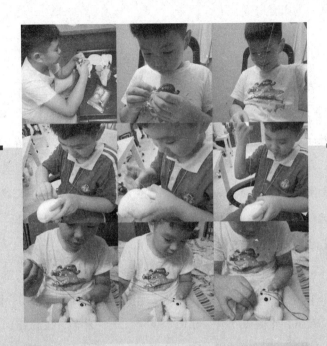

家庭教育中坚持严格要求总是不会错的。纵观我们身边的家庭教育，更多的是爱有余而严不足。严不是要用打来体现，而是要有足够的耐心来陪伴孩子成长。

当家校合力宣告失败

"**老**师，我们家八九个孩子，我自己小学都没读完，他妈妈也是没读过什么书。还有我们也没有时间，生意很忙，学习就靠他自己，能学多少就多少吧，实在学不下去不学就是了。我有钱，养得起他。"

"老师，我家孩子我是没办法了，要打要骂全凭你，学校的事就全拜托你了。"

……

当孩子出现问题，老师第一时间能想到的就是找到家长。有些家长非常配合，和老师一起把孩子引回正道上来。有些家长却不以为然，甚至指责老师歧视孩子。还有些家长因为各种原因要么放手不管，要么无能为力。孩子的问题很大限度上就是家庭的问题，家庭教育方法不当、家庭教育的缺位直接造就问题孩子的出现。

当家校合力宣告失败时，孩子就会因为缺少家庭的管理和约束，在课堂打扰同学，扰乱秩序，课间追闹导致伤害事件的发生。一边是家庭教育的缺失，一边是不断需要解决的纠纷，作为班主任又该如何面对？

我想，除了埋怨和生气，我们还可以试着这样做：

第一，找专业的心理老师一起诊断孩子是否有心理疾病，如多动症等。如果有，可建议家长到儿童医院进一步确认治疗，如果在努力真诚的沟通下家长依然不愿承认，也不带孩子治疗，我们可以把孩子安排到最前面一排，联合任课老师时时予以关注、安抚。

第二，给予足够的宽容和耐心，和同学一起给他特别的呵护，赋予他班级管理的任务，如浇花、摆放书本、擦黑板等，让他感受到老师和同学的爱护与关注。

第三，给孩子安排一个帮扶小组，让帮扶小组在课后观察、陪伴，及时送上夸赞、劝告、安慰，或者报告老师。如果孩子因为缺乏约束而出现异常的行为，我们可以通过行为训练来巩固或者纠正。比如，乱扔东西，只要看见就马上提醒捡起来放整齐，或者放学后单独训练收拾自己的文具、随身物品。又如，踏步操随意乱做，则要求放学后留下来单独练习，直到过关。这样反复多次，让孩子明白"如果我不按要求遵守规则，一定会被留下练习到合格为止"。一旦有进步，则通过各种方式进行表扬，发短信告知家长孩子的进步、颁发表扬信、在全班面前表扬、奖励一个拥抱或一份小礼物等，建立孩子继续进步的勇气和自信。德育其实就是行为训练，这需要老师有足够的耐心。

让我们选择做一个温暖、宽容的老师吧，给孩子营造一个温暖的环境，给他足够的信任和宽容，即使他的成绩可能会拉低班级的平均分，他的行为可能会让班级与很多荣誉擦肩而过，但是孩子因为一个爱抚、一次共玩、一个礼物、一声问候、一次陪伴变得越来越阳光，笑容越来越多。即使无法在学业上优秀，但心灵健康就能有美好的未来，这样就很好。

教育者最重要的任务就是确保没有一个孩子对学校丧失信心，并确保让入学前已经丧失信心的孩子通过学校和老师的教育重获自信，这与教育者的天职是一致的。只有孩子们对未来满怀希望和欣喜，教育才有可能成功。

当家校合力宣告失败，就让我们带上爱、带上关怀、带上无比的耐心与孩子同行！

　　家校合力失败的原因有很多，我们应站在家长的角度看问题，再用比较专业的方法对其进行沟通引导，这样往往能取得比较好的效果。

7

第七辑

班主任工作微创意

班级管理的路上永远没有完美。在班级管理的实施过程中尝试一些小小的与众不同，便能收获与众不同的成果。

即将踏上班主任工作岗位的老师，你准备好了吗

新学期即将开始，学校迎来一批活泼可爱的小一新生，同时也将迎来一批怀揣梦想即将踏上班主任之路的新手班主任们。作为新手班主任，该做哪些准备呢？我在这里为大家准备了一份开学清单，或许能给新手班主任们带来一些启发。

一、孩子到校之前

1. 通过校讯通向家长打招呼，介绍自己，介绍班级管理理念、培养目标等

您好：上天注定让我和您及您的孩子相遇在灵芝小学一（1）班，接下来的日子不论风雨我们将携手度过，珍惜这份缘，为了孩子们的健康成长，让我们一路风雨同舟！作为孩子班主任的我来自梅州，毕业于浙江大学，姓王名小玲。小玲践行"爱在左，责任在右，生命之路陪孩子走一程，无论他是踌躇满志，抑或是孤单寂寞"。小玲电话号码……，欢迎联系。（联系时间：除午休及晚上十点后）

您好：我们的孩子即将跨入小学一年级的大门，让我们收拾好行囊、整理好心情，陪伴孩子上路！一年级，我们能为孩子做些什么呢？陪伴、引导、鼓励非常重要，我希望他们成长为讲文明、会倾听、懂宽容、爱阅读的孩子。想让我们的宝贝成为这样的孩子，首先我们应该是这样的人，或者努力和孩子一起成为这

样的人。

2. 创建班级QQ群、微信群

建好群后，把号码通过校讯通发送给家长，让家长加入。同时提醒家长QQ群和微信群是家校沟通的平台，需要大家一起维护，传递正能量。另外可以委托一到两名家长对QQ群、微信群进行维护和管理。

3. 成立家委会

通过QQ群、微信群发布家委会成立倡议，招募家长委员会会长，可以自荐或推荐。家委会成立后，召开家委会会议，和家委会一起完成以下任务：

（1）收集家长联系电话、家庭住址、姓名、户口、籍贯、民族等，形成表格，便于以后用到。

（2）围绕学校理念、班级理念、培养目标对教室进行设计布置，包括绿化小植物、杂物篮等的购买和摆放。

（3）制作姓名牌，贴到衣服上和固定在桌面上。

（4）购买一些棋子、课外书、折纸等安静的游戏用品供孩子们课间休闲娱乐用。

4. 领取教学及卫生工具

粉笔、黑板擦、磁铁、扫把、拖把、拖桶、抹布、垃圾铲、垃圾桶、垃圾袋等。

5. 记住孩子的姓名

在孩子还没有到校之前，班主任可以把孩子的姓名阅读几遍，查字典解决多音字、不确定读音的字，以免开学点名尴尬。如何快速记住孩子的姓名呢？这里给大家介绍几个小方法：尽可能多地点名，将孩子的名字和长相特征联系起来，比如，小林脸上有颗痣、小月笑容藏酒窝、小罗缺个大门牙等；课间和孩子们一起聊天，通过聊天的内容、聊天时的一些动作来记住名字；亲自发作业，通过发作业反复记忆。记住孩子姓名是良好课堂的基本保障。

二、孩子到校第一天

1. 编排座位

孩子们到校先按照高矮进行座位编排，发放姓名牌，粘贴姓名贴。在对每一个孩子都有了比较熟悉的了解后，再进行正式的座位编排。

2. 发放作息时间表、课表

告知孩子作息时间以及课表内容，让他们清楚上学和放学的时间，做到不迟到。将课表和作息时间表发到班级QQ群、微信群，让家长了解并协助孩子养成遵守时间的习惯。

3. 收作业

除一年级新生以外都有作业。

4. 值日安排

第一、二周先按照座位顺序制作临时值日表，第三周由孩子们自己选择座位，班主任再根据孩子们的自选进行调整。值日安排好后，班主任需要在值日时间对孩子们进行协助、指导和监督。

5. 班干轮值

主要岗位有值日班长，负责课前管理；组长，负责小组管理、收发作业；科代表，协助任课教师开展工作。另外还有门长、灯长、黑板长、风扇长、走廊管理员、教室管理员、卫生管理员、讲台管理员、早读管理员、午练管理员、眼保健操管理员、排队小队长、护花使者等。

6. 定立班规

课间：先上厕所，喝水后自由安排活动。课间孩子们非常喜欢追赶玩闹，但教室、走廊都不适合孩子们玩闹，很容易发生意外事件，班主任一定要时时予以关注。尤其是刚开学，孩子们的习惯还没有形成，要引导孩子们进行安静的活动，可以利用家委会准备好的棋子、课外书、折纸游戏角、谜语角等供孩子们课间休闲。

早读：到了教室就捧起书大声朗读。

做操：排队做到快、静、齐，要有专门的练习、讲解、示范、表扬加以巩固。

课桌：书、笔盒靠左上角摆放。

坐姿：头正、身直、脚放平，回答问题要举手，以及上、下课问候礼仪的训练。

放学：排队做到不追不闹、不推不搡，安安静静排整齐。

文明：看见老师、客人、同学会问好。

卫生：指定扔垃圾的地点，不乱扔垃圾，教室可以不放垃圾桶，让孩子养成自己先收好垃圾，下课或者放学再扔的习惯。

7. 出勤跟踪

在早读午练的时间进行检查，内容包括孩子到校情况、情绪状态。对没到的孩子需要进行及时跟踪，了解原因；状态不好的孩子可送校医处做进一步诊断，根据需要告知家长接送事宜。

8. 时时观察

为了尽快熟悉孩子，了解孩子的个性禀赋，建议班主任在开学后的一个月内利用课间、放学、值日的时间时时关注孩子，了解孩子的情绪状态、个性特长、课间课堂纪律、班干部工作情况等，为下一步的班级管理工作做好准备。

新手上路千头万绪，但只要提前做好准备，一定能够度过一个有条不紊的开学季。

新手上路千头万绪，但只要提前做好准备，一定能够度过一个有条不紊的开学季。

开学了，班主任如何带好家长班

家长是孩子的第一任老师。在我十几年的班主任工作实践中，深知家庭对于孩子健康成长的重要性，没有合格的家长就没有完整的教育。因此，每一个班主任都有两个班，一个孩子班，一个家长班，只有把这两个班都带好了，对孩子的教育才算真正的成功。

苏霍姆林斯基说："如果没有整个社会首先是家庭的高度的教育学素养，那么不管老师付出多大努力都收不到良好的效果。我们认为极其重要的一点就是要使'设计人'的工作不仅成为老师的事业，也要成为家长的事业。"

如何让家长积极又有效地参与到"设计人"的事业中来呢？我在这里谈谈自己的一些做法，或许能给大家带来一点启发。

一、家访——经营良好的家校关系

家访是传统的沟通方式。在通讯发达的时代，一个电话、一条短信或许就能解决很多事情，但是在我看来，家访是经营家校关系最有效的方式，融洽的关系是有效合作的基础和保障。

第一，家访能增进老师与孩子、家长之间的关系。坐在孩子家里和家长像朋友一般交谈，交谈的内容除了孩子的教育问题还有很多的家长里短、生活趣事，一下就拉近了两者之间的距离，让家长从情感上贴近学校，理解老师、亲近老师，从而为合作教育打下良好的基础。对于大部分孩子来说，老师能到自己的家里来看自己，还和自己的家长有说有笑，是一件令人开心的事，更能让孩子体会到老师真诚的爱以及老师和家长对自己的关注。

第二，家访能让老师了解孩子的成长环境。进入孩子的家庭，便能了解家长的文化修养、经济状况、家庭氛围、对孩子的期待等，让老师可以更深入地了解孩子的心理环境，读懂孩子，从而实现因材施教。

二、小组家长会——及时准确解决教育问题

普通的家长会习惯于期中考试后的某一天邀请全体家长到校，语文、数学、英语三科老师轮流上台，详细分析考试的得失，再强调需要家长配合的事项。

我认为这样的家长会更适合小学一年级新生入学阶段，需要家长了解学校，理解老师的育人目标及个性要求。但是随着孩子升入更高的年级，家长需要全面了解自己的孩子在学校日常学习生活的具体表现，小组家长会恰恰能满足家长的要求。除了和班主任沟通，还能与其他学科老师进行面对面交谈。

我班的小组家长会将所有的孩子分成四到五组，每一组10人左右。根据具体的需要将孩子按照同质或者异质分组，提前一周通知家长，让家长有足够的时间安排好自己的工作，和任课教师及班主任在一个比较安静舒适的环境中就孩子的教育问题进行聊天式的交流。使家长在轻松舒适的氛围中全面了解自己孩子的在校表现，并将自己在日常家庭教育中出现的困惑提出来，大家一起商讨解决的办法。

有时还邀请优秀生的家长或者进步比较大的孩子的家长，谈谈他们是如何引导孩子的。虽然他们不是专业的老师，但对孩子的教育朴实生动，更能引起家长的共鸣。

小组家长会针对性强，更接地气，拉近了家长与家长、家长与老师之间的距离，还能准确及时地解决一些教育问题。

三、共读——增长教育智慧

每新接一届孩子，我都会给家长推荐读物，如《做最好的父母》《你就是孩子最好的玩具》《家庭教育的100个信条》《赏识你的孩子》《正面管教》等。

一开始并不是每一个家长都愿意阅读，有的工作忙，有的读不懂或是没时间。我就经常拿家庭教育名言来提醒大家："无论父母有多大的成就，孩子教育失败，整个人生就失败。"我还会把家长认真阅读后写下的阅读笔记发到班级QQ群里，激励大家坚持阅读。

通过共读，我和家长都能不同程度地受到启发，对待孩子更有耐心。孩子出现问题懂得先查找自身的原因，而不是通过打骂孩子来发泄自己心中的焦虑，孩子们在老师和家长心平气和的影响下变得越来越懂事。

四、我们能做的还有很多

家访、小组家长会、共读，我一直在坚持做，而且深受其益。除了这三件事，我还通过组建家委会、集体活动、书信往来、优秀家长年终表彰、家长学校等活动促进家长班的发展成熟。家长班的学员们总能在一个学期或者更长的时间里懂得或多或少的教育方法，面对孩子的成长能够自觉从科学教育的角度进行观察审视。

家委会还有一项更重要的工作，就是帮我一起研究班级的工作：如何安排座位；哪些孩子需要特别关注；哪些家长特别热心，需要及时表彰，等等。很多时候，他们是我的同事，是我的左膀右臂，甚至是我的良师益友。

孩子班承载了梦想和希望，家长班是梦想和希望的风帆，愿我们这艘满载梦想和希望的小船能快乐、幸福地驶向梦想的彼岸！

开学了，别忘了我们还有一个给力的家长班！

　　家长也是我们的同事，他们和我们站在同样的位置，盼望孩子健康、快乐、有意义地成长。

好关系胜过好教育——巧用便利贴经营好人际关系

孙云晓教授在《好的关系胜过许多教育》一书的自序中有这样一段话："人们几乎都能感受这样一个现象：如果孩子喜欢他的老师，就可能喜欢这位老师的课以及他要求的一切；如果孩子讨厌他的老师，则可能讨厌这位老师的课以及他讲的一切。"

孩子与家长或其他人的关系也是如此。其实，成年人也有类似的心理倾向，只是比孩子多一些理智罢了。怎么建立好的关系呢？小小便利帖能传情达意，而且效果也是棒棒的。

一、告别帖

在小学六年的学习生活中，孩子们总是不断地和老师、同学告别。我告诉孩子们，缘分让我们相聚在灵芝小学，每一位和我们结伴同行的老师、同学，无论走多远、多久，都值得我们好好尊重、好好珍惜。在离开的时候，我们该如何表达感恩、感谢之情呢？孩子们选择了便利帖，写上自己想写、想画、想表达的任何感情。

简单的几句话温暖了自己，也温暖了别人，孩子们从中学会了感恩，更懂得了珍惜、善待自己身边的每一个人。

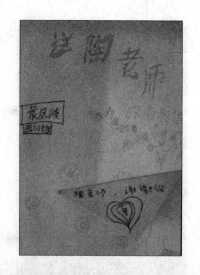

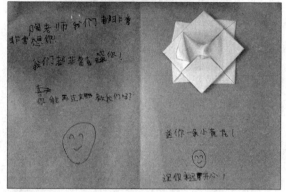

二、邀请帖

为了给孩子们创造更多成功的体验，我们经常举办一些才艺展示、运动游戏比赛、学科知识竞赛等活动，让所有孩子都有一个展示自己才能的机会。展示需要观众，孩子们制作了邀请帖，并广发邀请帖，让更多的老师和爸爸妈妈加入我们温暖的团队，关注每一个孩子的成长。

孩子们从这些丰富多彩的活动中获得成功的体验，对学校、班级有了归属感，对老师有了依恋，更从制作邀请帖中懂得如何与人交往。参与活动的老师与家长也更认同、欣赏孩子们。

三、安慰帖

哪位同学生病了、哪位同学不开心了、哪位老师生气了……孩子们纷纷拿出自己的安慰帖，悄悄送上一份问候或安慰。

四、赞扬帖

好的行为、好的表现当然少不了大家的点赞，在一张张赞扬帖中，好习惯在慢慢形成。

五、劝告帖

向身边不良行为说"不"的方式有很多种，用劝告帖提醒劝告是不是更温和、更委婉、更容易让人接受呢？

用好这些便利帖，或许能帮助孩子们进入师生互爱、家校互助、生生相容的美好世界。

一些小小的举动带来温暖、善意的提醒，同时还能帮助
孩子们进入师生互爱、家校互助、生生相容的美好世界。

课间十分钟我们可以这样过

说起课间十分钟，我们的脑海中就能浮现出一群孩子兴高采烈地在玩着跳绳、捉迷藏、猜谜语等一系列快乐的游戏，一幅时光静美、现世安好的画面总能惹人浮起暖暖的笑意。在平时的课间生活中，我也很喜欢和孩子们一起说说笑笑，既拉近了彼此间的距离，还愉悦了身心。然而，也有不少孩子课间没有目的地转来转去，或到洗手间玩下水，或把谁的衣服弄湿了，或到某名女同学的背后悄悄拉一下她的头发，甚至一言不合就你一拳我一脚、你跑我追，对安全完全不管不顾。对这些有害于身心健康的游戏我们是不允许孩子们玩的，但是这些并不是一句不允许就能杜绝的。那么，课间给孩子们安排哪些游戏既益智又健康，还能让孩子们能自觉遵守课间的纪律呢？

俗话说："知其然，更要知其所以然。"课间存在问题，就要找出问题的根源。在与孩子们交流中发现，他们认为那不叫追赶打闹，那叫好玩、刺激，孩子们知道这样很不安全，但就是控制不住。针对这一现象，我和孩子们进行了交流、讨论为什么要进行课间休息、参加课间活动有哪些要求、不文明活动会带来怎样的危害、课间我们应该做什么、怎样做等问题。通过分析、交流、讲述，让孩子们了解和明确了课间活动的意义及其重要性。

一、商量确定课间活动主题

课间活动除了喝水、上厕所、做好下节课学习用具的准备，还可以有丰富多彩的活动。受场地限制，我们可以选择一些涉及范围不大、较为安静的活动，如讲故事、脑筋急转弯、阅读、下棋、绘画、手工、种植观察绿植等。还可以将课间活动进行分组：故事组、阅读组、中国象棋组、国际象棋组、跳棋组、飞行棋组、手工组、绘画组等，将孩子们喜欢又能达到课间放松的目的，还能保障孩子们课间安全的游戏列出来，供孩子们自由选择。

二、班干部监督，确保活动顺利进行

每一个小组设置一个组长，负责管理小组纪律，将课间的表现进行登记；负责收拾整理小组里的工具，如棋子、书本、画纸等；在第一遍上课铃打响时立刻提醒活动的组员放好东西，回到座位做课前准备。

三、建立长效机制，养成良好的习惯

我们的课间活动经过讨论、交流形成一些规则，比如：

（1）自由选择小组，遵守小组规则。

（2）可以不选择小组活动，但是不允许做追赶打闹等不安全的游戏。

规则一旦形成就要不断提醒和训练，课前让小组长反馈课间情况以及老师课间巡视情况，结合奖惩（加、扣分）制度评选课间文明之星，通过课前3分钟及班级QQ群大力表扬能遵守规则的孩子，使绝大多数孩子慢慢养成习惯。对少数还不能自控的孩子可以找其进行个别谈话，善意指出问题，同时严肃告诉他们这个规则一定要遵守。接下来的几天中，老师要密切关注这几个孩子，发现有进步立刻给予表扬，树立孩子的正面形象，适时给予"说到做到、男子汉、好样的"等正能量满满的评价，赋予孩子美好的品质。久而久之，孩子就能真正成为一个说到做到的男子汉。通过这样的提醒和训练，估计也就剩下两三个比较调皮的孩子不遵守规则了。再针对这几个孩子召开一个小组家长会，商讨合力教育孩子遵守规则的问题，让孩子们看到老师对课间规则的重视程度，从而产生敬畏之心。

在任何一个规则落实的过程中，班主任一定要亲力亲为，直至坚持到孩子养成一定的习惯，培养出一批比较得力的班干部为止。这个过程是艰苦的，但是没有坚持就不会有好习惯的形成。如果班主任只是提要求而没有落实，或者交给班干部，而班干部又没有能力管理，孩子的问题就会反复出现。

有规则的约束，有孩子们自由选择的空间，有有效地监督，课间十分钟一定可以给孩子们时光静美、现世安好的温暖时光。

让孩子拥有一张这样的海报

为了让孩子们找到归属感和自我价值感，我利用班会课的时间帮助孩子们认识、理解、掌握评价一个人优点的所有词语，然后让孩子们抽签，抽到谁的名字就去收集这名同学的全部优点和独特品质，并记录下来。没多久，孩子们就收集到一大堆形容美好的词语。孩子们能注意到彼此那么多正面、美好的特点，这让我非常欣喜。

我找来大量思维导图的模板让孩子们观察、阅读，让每个孩子为收集到优点的同学制作一张海报。我把这一任务布置到班级的QQ群里，以便家长能更多地了解孩子的优秀表现，而且有部分孩子还需要家长的协助才能制作一张好看的海报。

海报很快就制作出来了，我把它们张贴到教室外面的"四季走廊"，让全校都能看到我们的孩子是多么的优秀。孩子们有机会听到同学、老师以及家长对他们的积极看法，是一件多么开心的事情。这些珍贵的海报什么时候摘下来让孩子们带回去珍藏，就看他们自己的意见了。

这样做班主任，不累

　　孩子们能注意到彼此那么多正面、美好的特点，这让老师非常欣喜。

如何应对孩子的不喜欢

孩子喜欢一个老师就喜欢他教的科目，不喜欢这个老师就不喜欢他教的科目，孩子的不成熟导致他没有办法适应环境，而是希望环境能因自己而改变，这就是偏科的由来。作为班主任，如何帮助孩子克服这一现象呢？

孩子们每接触一个新老师之前，班主任先在班级介绍新老师，把老师的照片、简介以及充分了解到的优点一一介绍给孩子，先在孩子们心中留下一个美好的印象。再在家长群里进行推介，让家长对新老师有一个初步的认识。然后找到新老师，聊聊班级的情况，把班级每个孩子的优点一一介绍，营造一个孩子、家长、老师心理共容的良好氛围。

对于中途出现的"不喜欢"，我们可以从几个方面改善。

一、分析不喜欢的原因

孩子不喜欢老师的原因有很多种，不喜欢老师的授课方式，不喜欢老师的表达方式，不喜欢老师的衣着和态度，可能还有说不出的原因，甚至"我同桌说他不喜欢，所以我也不喜欢"，等等。我们来做这样一个试验，老师给孩子一个表格，每一节课记录下老师今天这节课让自己不喜欢的地方，比如，说了一句什么话、做了一个什么动作、讲了哪一个片段，甚至板书等都可以记录。但是，再差的人都有他的优点，也请孩子至少找到一个值得表扬的地方，并记录下来。我们针对孩子的记录做一番点评，再找到这位老师告诉他孩子的表扬以及我们一起给他提出的建议。首先，这种做法让孩子觉得班主任很理解、很尊重自己的看法，对老师、对学校充满希望；其次，让孩子做这一门学科的督导者，充分感受到被信任的愉悦；最后，让孩子记录的过程也是学习的过程，想要记录好这些内容不认真倾听是做不到的。拿着这些记录跟任课教师进行交流，还能促进老师的课堂教学能力的提升。

二、保持任课教师的美好形象

在传统的家庭教育中，家长常常一个扮演红脸、一个扮演白脸，这边被妈妈狠狠地批评了，那边爸爸赶紧拿过作业本告诉孩子抓紧时间把作业完成好妈妈就不会那么生气了。在12岁以下孩子的家庭中，有一个比较霸道的父亲或者母亲往往更容易养育出一个出色的孩子。所以，班主任和任课教师也可以尝试着扮演这样的角色。班主任以批评为主，而任课教师可以倒过来表扬孩子，列举孩子其他方面的优点，再提出一些科学的建议，还可以在孩子的作业本上多留一些鼓励的语言，放学后留下聊天等。这样也能改变孩子对任课教师的看法，让任课教师走近孩子的心灵，从而喜欢上老师和上这门学科。

三、百种个性，百种精彩

通过晨读、班会、课间、课后的沟通聊天，教育孩子们学会欣赏他人，接纳别人的不完美。每位老师都有自己的风格，不可能因为几个孩子的喜好而改变。每一位老师都希望孩子能学好自己任教的学科，无论用的是什么样的方式方法，他们的出发点一定是想让孩子学好。人无完人，老师也一样，有做得不好、不对的地方可以提出来，共同改进。但是如果用不听课、不写作业来表示不喜欢，那吃亏的就是自己。同样，对待自己的同伴也是如此。如小涛成绩平平，但是乐于助人；小乐字写得不好，但是球踢得很好；小花不会唱歌，但是成绩很出色，等等。多用美的眼光看待别人，这个世间的一切事物都将变得更加美好。

四、倾听与陪伴

孩子有时需要的不是协助，而是在老师身边发泄一下自己的情绪。老师可以在孩子倾诉完后给孩子一张小纸条，上面写："我知道你的难，需要我做什么吗？记住你后面的我会永远支持你、关注你，当然更希望你是个全面发展的好孩子。"还可以陪伴他，和他一起打球、一起出黑板报、一起玩游戏……把大道理简化到细碎的聊天当中，潜移默化的教育具有更大的力量。

每一颗心都需要爱，需要温柔，需要尊重，需要宽容。每一个孩子都来自最纯净、最无邪的地方，都应该被万分疼惜。正因为有了孩子们的不成熟，才成就了老师的成熟，成就了世间的五彩斑斓。

每一颗心都需要爱，需要温柔，需要尊重，需要宽容。每一个孩子都来自最纯净、最无邪的地方，都应该被万分疼惜。正因为有了孩子们的不成熟，才成就了老师的成熟，成就了世间的五彩斑斓。

学期即将结束，您准备好了吗

2017年度第二学期接近尾声了，作为班主任，我们的期末工作更是繁多杂乱，千头万绪。期末调研、评语、假期作业、假期安全教育等班务工作和各类总结接踵而至。我为这些期末工作做了一些梳理，或许能给其他班主任带来一些帮助。

一、期末调研工作安排

1. 应试技巧指导

离期末调研还有几天的时间，这几天的复习时间里，大家除了落实孩子学科知识点的掌握情况，还需要给孩子们做一些必要的应试技能指导。

（1）书写要求。力求工整美观，写错的地方用一条斜线划掉，切记出现浓墨涂改，这会严重影响卷面的美观。

（2）时间关注。按照黑板上的时间要求，如语文检测120分钟，大家要做到心中有数，每过一段时间抬头看看还剩多少时间，至少留有30分钟的写作文时间，写完后要仔细检查，保证有三遍的检查时间是比较合适的。

（3）心态的调整。考试就是一次大型的作业，认真细心地对待就能发挥出自己的最好水平。

（4）准备好需要用到的学习用具。水笔5支以上，2B铅笔、橡皮、尺子等，用笔袋装好，笔袋写上名字，即使忘记拿回也能及时找到主人。

2. 考场注意事项

（1）诚信应试。检测自己这一个学期的真实所获。

（2）保持考场卫生。每个孩子负责好自己座位周边的卫生，安排班干部于考试结束后进行检查。

（3）考场纪律教育。整场考试的过程中不允许交谈，要尊重监考老师，有问题举手示意，请监考老师帮助解决。

3. 考场安排

（1）调研检测的前一天，要求孩子们将自己座位抽屉里的所有书籍、作业整理好带回家，并将自己的桌子抽屉朝前摆放。安排班干部将考号按要求张贴于桌子的右上角，摆放整齐。

（2）黑板上按学校要求端正书写检测科目、检测时间。

（3）检查教室时钟是否准时。

二、总结工作梳理

学期结束，我们需要对自己的工作做总结，做得好的继续发扬，还有欠缺的需要努力赶上。班主任需要做的总结有哪些呢？主要包括班干部工作总结、班级工作总结、班主任工作总结。

1. 班干部工作总结

良好的班风形成单靠班主任一个人是不够的，还需要班干部的鼎力支持。班干部是班主任的得力助手，协助做好班级的各项工作，成为老师和其他孩子沟通的桥梁，成为班集体的骨干力量。班干部总结大会也是提升班干部能力不可缺少的一个重要环节。

提前定好时间、地点，并通知班干部，让班干部做好发言的准备。发言主要围绕以下几个主题而展开：

（1）本学期本人担任的工作职责。

（2）通过自己的工作达成了哪些良好的效果。

（3）工作过程中遇到的困难。

（4）对班级管理的建议。

班干部总结会议的形式可以多样，我一般采取的是圆桌会议的形式，大家边吃边聊，氛围轻松，尽可能地畅所欲言。班主任最后发言，对班干部表示感谢，并提出改进建议。

2. 班级工作总结

1—4年级由班主任主持，5—6年级由班长主持。这个形式还是看大家平时的管理习惯，如果班干部培养得力，3年级就可以交给班长主持。班级总结文稿由班主任撰写，低年级可以邀请家委会按照文稿的内容进行PPT的制作，高年级可以交给能力强的班干部制作。

总结的内容包括班级大事记、各类比赛回顾、表现出色的个人故事、班级获得荣誉、下一学年的期望等，通过总结活动可以增强班级凝聚力，树立积极向上的班级风貌。

3. 班主任工作总结

班主任工作总结主要以文档形式呈现，总结自己在本学期的得失，找到整改办法，形成自己的管理特色。同时还可以融入比较有代表性的班级故事，增加可读性的同时还可以积累班级管理素材。

三、拍摄毕业照

一个年级的结束就是一个年级的毕业，我从一年级开始每一年级毕业都会给孩子们拍一集毕业照，留下了极具创意的合照、小组照、个人照。六年走下来，这将会是留给孩子们童年时期最美好的回忆和最珍贵的礼物。

四、教室的清理

要求孩子们将自己的东西整理回家，不需要的东西整理好送给保洁阿姨；将桌椅摆放整齐；将走廊书吧的书收集好，和教室书吧的书一起打包放到教室的角落；将三个书柜擦拭干净，用报纸覆盖好。

五、评语的撰写

古人曾说："水不激不跃，人不激不奋。"一个人在没有受到激励的情况下，他的能力仅能发挥20%—30%，如果受到正确而充分的激励，能力就有可能发挥到80%—90%。"罗森塔尔效应"证明了信任和鼓励是"激活"人们智商和能力的基本要素。作为班主任评价的重要载体，评语最能激发孩子的自信，最具维护和培养孩子进取心的功能。

因此，老师在写评语的过程中一定要多用鼓励性的语言，做到表扬多于批评，鼓励多于指责，对不足采取期望与信任的态度，激励孩子扬起自信的风帆，诱发孩子好学上进的动因，让孩子在学习和生活中充满积极性、主动性和创造性。

评语范例：

（1）沉静，能够静下心来做事。

机智，巧妙化解矛盾。

说文解字高手，每一节课（无论是什么课）都有你侃侃而谈的高见与妙论。

创新能力极强，组织能力具备。

阅读理解能力已达六年级水平。

把字练好，未来不可估量。

（2）文、诵、音、舞、美全优的人不多的，慧文就是其中一个。

"吃得苦中苦，方为人上人"践行得好的人不多，慧文就是其中的一个。

博览群书又懂得分清场合的人不多，慧文就是其中一个。

慧文，多点阅读多点积累，春天已在前方等待，时刻准备为你而灿烂。

（3）自信，源于对知识的掌握。

有点小自恋，不过确实有自恋的资本——语、数、英成绩名列前茅。

博览群书，虽然有时不分场合。

朗诵成为班级的范本。

作文常有奇思妙想。

坚持阅读写作，并能安排好自己的阅读场合与节奏。

可预见未来的无限精彩。

……

六、评优工作

评优工作一定要遵循公平、公正的原则，才能起到积极的激励作用。评优工作可以结合任课教师的评价、同学的评价、家长的评价进行综合总评，再进行公示。

七、暑假作业的布置

布置暑假作业可以采用自选方式，注重积累与实践。以语文为例，作业自选区请任意选择其中的三项：

（1）与书为友。选取两本以上名著，把收获写进读书卡，读书卡由自己设计。推荐书目：《铁丝网上的小花》《五星男生》《儿童百年文学经典》《草房子》《柳林风声》《城南旧事》《狼王梦》《一千零一夜》《中国大先生》《叶圣陶儿童文集》《佐贺的超级阿嬷》《给孩子的动物寓言》《洋葱头历险记》。

（2）用PPT制作一份旅行攻略，读万卷书更要行万里路。

（3）朗诵一篇美文，配上音乐。

（4）饲养小动物。

（5）学做美食。

（6）制作一个小发明。

（7）制作一本作品集，收集自己写的10篇作文。

八、暑假安全教育

假期孩子们的活动范围扩大，活动更具多样性，外出机会增加，自己留在家里也是常有的事。因此，学习有关安全知识，树立自护、自救意识显得尤为重要。假期安全教育内容主要包括：

（1）防溺水六不准：

①不准私自下水游泳；

② 不准擅自与他人结伴游泳；

③ 不准在无家长或老师带队的情况下游泳；

④ 不准到不熟悉的水域游泳；

⑤ 不准到无安全设施、无救护人员的水域游泳；

⑥ 如不会游泳不准擅自下水施救。

（2）不喝陌生人给的饮料，不到歌舞厅、游戏机室、酒吧玩耍。

（3）手机游戏会上瘾，阅读才是营养品。

（4）假期更要注意交通安全。走路要走人行道，严格遵守交通规则；坐车要系安全带；共享单车要满12周岁才能骑。

（5）交朋友要谨慎。尽量和自己熟悉的朋友一起玩，发现身边的朋友做不道德的事情要告知大人，并果断远离。

以上就是班主任本学期期末的主要工作。

一个孩子在学校里取得的表面成绩不是最重要的，最重要的是对所学的知识是否真正觉得很喜欢，是否真正有浓厚的兴趣。

也谈惩戒教育

舒天丹曾说:"教育孩子如育花,需精心浇水、施肥、呵护方能成功。但事实上并不是所有人都能养好花,不懂的就要向别人请教,学习养花的经验与艺术。"成功的教育往往需要关爱、尊重、理解及包容,但我们面对的孩子是一个个鲜活的个体,个性迥异,生活经历与背景也各不相同。就一些比较特殊的情况来说,仅仅靠"赏识教育""激励教育"是远远不够的,也需要有"惩戒教育",辅以适度的惩戒可以帮助孩子快乐健康的成长。

但在当前的教育手段中,大家最忌讳的就是"惩戒教育"的问题。惩戒教育一般都被大家视为是教育的"高压防线",无人敢轻易触碰和打破,担心稍不留神就会被冠上"体罚学生""心罚学生"的头衔,这纵容了孩子们重复且不负责任的犯错。难道说当孩子犯了错误,我们就应该不了了之?难道就不该给点"颜色"和"苦头"让他们尝尝?惩戒不等于体罚,更不是不合法的变相惩罚。相反地,合理的惩戒是合法的。教育家马卡连柯曾认为:合理的惩戒是合法且必要的。英国《2006教育与督学法》(Education and Inspections Act 2006)中增强了老师及其他教职工使用"合理武力(reasonable force)"防止孩子实施犯罪行为的权利。①但是，许多校园里却出现了不敢管的局面。正如石家庄第二中学校长邵喜珍所言："由于片面强调赏识、尊重、以人为本的教育，导致了社会、学校、家庭对孩子形成一种畸形的保护，孩子犯了错误老师现在根本就不敢管。"②

对于邵喜珍校长所说的这种情况，我也深有体会。众所周知，现今的孩子多数是独生子女（二胎政策发布之前），他们从小就被家人像公主、王子一般娇惯，集万千宠爱于一身，被祖护着、包围着，小小年纪就养尊处优，吃不得一点苦。在与其他小朋友相处的过程中，如若发生了小矛盾或是小插曲（如抢玩具、课间玩闹不小心推搡致同学跌倒），大部分孩子都只会推卸责任，抑或是将东西肆意砸向身边的孩子泄气。很明显，孩子们不懂得宽容和体谅他人，不懂得从自己身上寻找原因，更不懂得为自己的错误买单，不愿意承担责任。

故而，惩戒教育是一种不可或缺的教育手段。从教育学角度来说，惩戒是指通过对学生不规范的行为施与否定性的制裁，从而避免其再次发生，以促进和规范行为产生和巩固的一种教育措施或手段。③而惩戒教育是一种更为博大的爱，不是采用武力手段打骂孩子，更不是变相的体罚，惩戒的目的是为了通过"惩"达到"戒"，是为了让孩子们不再重复犯错，懂得引以为戒，最重要的是要学会承担责任，培养责任感。

那么，惩戒的前提是什么？最佳时机是什么时候？何种程度称之为"适度的"？我认为可以从以下几点来说明：

1. 实施惩戒教育的前提条件

实施惩戒教育的前提条件是孩子有不良行为的发生。对于小学生来说，一般被列为"惩戒行为"的通常包括对他人进行人身攻击（打架、斗殴、辱骂）、损坏他人或者学校的财物、带违禁品进入校园等违反校规或班规的行为。

---

① 余雅风，蔡海龙.论学校惩戒权及其法律规制［J］.教育学报，2009（2）：69—75.

② 邵喜珍代表忧心下一代成为"宠坏的一代".http://news.qq.com/a/20070304/000243.htm.

③ 余雅风，蔡海龙.论学校惩戒权及其法律规制［J］.教育学报，2009（2）：69—75.

2. 惩戒教育的最佳时间

最佳的惩戒教育时间是在孩子们刚刚犯错误的时候，老师辅以适当的惩戒，这是不可错失的最佳教育良机。常言道："勿以恶小而为之，勿以善小而不为。"不要以为孩子犯的错就不是错，如迟到、早退、打架，这些都不是小问题。相反地，往往是小错不改，大错不断。所以，当发现孩子犯错误时首先要立刻制止，正所谓"有言在先，挨打不冤"；其次，弄清事情的前因后果，确保没有"断错案"；最后要让孩子认识到自己的错误，明白老师制止自己的原因。

3. 正确把握惩戒教育的度

惩戒教育是一柄双刃剑，在实施的过程中如未能正确把握好惩戒的"度"，很容易就会逾越到大家口中的"高压防线"。所以，教育家马卡连柯曾说："正确地、有目的地使用惩戒是非常重要的，但是笨拙、不合理、机械地运用惩戒会使我们的一切工作受损失。"[①]惩戒教育也有使用不当的案例，如让犯错的孩子在教室外罚站、当着全班同学的面大声斥责犯错的孩子、鼓动全班同学孤立犯错的孩子，等等。这些都是不可取的极端做法，通过威逼利诱的手段强迫孩子，既伤害了孩子的身心健康，也没有达到"戒"的目的——教化。当然，也有惩戒不到位的案例，如轻描淡写地口头警告、光说不练的惩罚、无视孩子的不良行为，等等。这些手段都达不到教化的目的，属于无用功，也不利于孩子身心健康的发展。

正确把握惩戒教育的"度"是非常重要的。就这一方面来说，班规的制定起到了不可估量的作用。班规可由老师和孩子一起秉着"公正、阳光、清晰"的原则将违规行为与所对应的惩罚对号入座，最终通过班主任的审核方能施行。因为班规由师生一同制定，所以惩戒的"度"为大家所接受和认可，更有说服力和执行力。值得注意的是，老师也要纳入惩戒的对象，若老师违规也必须接受惩罚，正所谓"师生平等"。为人师表，首先就要起到表率的作用，才能让孩子信服。

---

① 鲁红丽. 如何科学有效地运用惩戒教育 [J]. 教育，2015（23）：69.

4. 衡量惩戒教育好坏的标准

惩戒教育并不是惩罚孩子，而是在教化他们，引导他们的心灵朝正确的方向改变，帮助他们纠正自己的错误，并从中汲取教训。好的惩戒教育能让孩子从中受益，最具代表性的是陶行知先生"四颗糖"的故事。当年陶行知先生在一所小学担任校长一职，某日他看见一个男孩用泥巴砸向同学，他立马上前制止了这个男孩的行为，并让男孩放学后去办公室找他。放学后男孩乖乖地留在办公室，等待校长的"审判"。很意外地，校长并没有责罚他，反而是奖励了四颗糖给他。因为校长已经将事情的原委调查清楚了，他明白孩子打人是有原因的。但是他并没有对孩子破口大骂，而是及时制止孩子，并对孩子进行了惩罚——留堂谈话，而后公平地评价了这个孩子的行为，并奖励了四颗糖。这件事之后，那个孩子肯定能从中汲取教训，领悟到校长的一番良苦用心。

在我们的日常教育中，类似"四颗糖"的惩戒教育是很有必要的。我们要秉着让孩子认识错误、改正错误，并从中汲取营养的原则来实施惩戒，以达到教化孩子、促进孩子身心健康发展的目的。

综上所述，当前的教育不但要有"赏识教育""激励教育"，同时也需要"惩戒教育"。因为我们要培育的花朵不是温室里从未见过阳光和雨露的娇嫩的花，而是能迎接风雨、等待彩虹盛开的铿锵玫瑰。正如林清玄在《桃花心木》一文中所提到的："在不确定中生活的人，比较能经得住生活的考验，会锻炼出一颗独立自主的心。在不确定中学会把很少的养分转化为巨大的能量，努力生长。"作为老师，我们不能永远陪伴着孩子们成长，只是希望通过"教"达到"不教"的目的，做到真正地放手。

　　作为老师，我们不能永远陪伴着孩子们成长，只是希望通过"教"达到"不教"的目的，做到真正地放手。

班主任微型评语50句

班主任在日常的班级管理中不妨试试以下评语：

1. 据说有大眼睛的人都有一颗美好的心灵，善良的你一定懂得"己所不欲，勿施于人"。

2. 你这圆圆的脑袋里藏着用不完的妙招，真是我们班的"小诸葛"。

3. 这样好看的小手一定很能干。

4. 这一头乌黑的长发足以证明你是个爱干净的孩子。

5. 这红领巾的结系得真好看。

6. 今天穿得好整洁、好干净，走起路来像一只飞翔的小燕子，让人感觉既轻盈又快乐。

7. 你的字真好看，配得上你的颜值。

8. 批改你的作业是老师最开心的事。

9. 把字写工整，像你的穿着一样，让人赏心悦目。

10. 用一个月的时间，老师等你工整的字出现，我等得到吗？

11. 写字就如做人，字端正，人端正。

12. 这画画得栩栩如生，有空也给老师指点指点。

13. 我们的"小百灵"，我们已准备好了聆听。

14. 你的努力老师看到了，老师永远支持你。

15. 早点起床，有淡定从容脚步的孩子长大一定更有出息。

16. 静能定天下。试试看，心静的孩子一定会有好学业。

17. 你就是一个有福气、懂得爱的孩子。

18. 轻点放椅子，不然它会疼。

19. 让你的桌子也成为一个小绅士、小淑女吧，整洁干净的样子大家都喜欢。

20. 别让纸屑躺地上，它们也有家。

21. 坚持住，老师看好你。

22. 好样的，老师为你感到骄傲。

23. 坚持阅读，日久自见高度。

24. 世上最好吃的是亏。

25. 高贵之人就是守信之人，你就是一个高贵的孩子。

26. 这篇作文有想法、有感悟，百读不厌。

27. 这道阅读题我读了好几遍才明白，你比我强。

28. 这朗读简直就是播音主持的级别，崇拜你。

29. 如果声音再响亮一点，全班同学就能听清楚了。

30. 声音响亮起来，答案很可能就是正确的。

31. 错了也没关系，会问问题、会回答的孩子成长得更快。

32. 怎么了，有什么需要老师帮忙解决的吗？

33. 自律是一个人成长的标志，我在你的身上看到了自律的影子，赶紧用你的智慧把它找出来。

35. 讲好话、做好事，做一个让别人幸福的人。

36. 知行合一，否则一切都是空谈。

37. 说说看，这件事你需要负哪些责任？怎么做才是负责任？

38. 今天怎么了，作业写成这样，需要老师帮忙吗？

39. 把"两操"做好就是爱自己，懂得爱自己的人才会懂得爱别人。

40. 眼睛是心灵的窗户，做好爱眼操，让这扇窗户熠熠生辉。

41. 不要给别人带去麻烦，自己的事情自己负责。

42. 这段时间的进步老师看在眼里、感动在心，我的孩子长大了！

43. 孩子，今天是你的生日，生日快乐！新的一岁一定有新的进步！

44. 孩子，坚持，伤痛是人成长的阶梯，我们等你凯旋。

45. 发烧了，难受吗？来，老师抱抱。

46. 你实事求是地讲述了这件事，你是个诚实的孩子。

47. 纵令失败，依然志如司南。孩子，我们一起坚持。

48. 相聚是缘，好好珍惜，爱你身边的人吧！

49. 刚才老师很大声地批评了你们，老师很难过。这件事老师也有责任，委屈你们了，很抱歉！

50. 这世上最幸福的事，就是有你们陪着我一直天真。

　　恰当的评价能激发孩子的热情和自信，对孩子产生正面的激励，建立良好的师生关系。

好书伴您过暑假

暑假翩然而至，在刚刚结束的期末语文调研卷中，密密麻麻的阅读资料对没有一定阅读量的孩子来说是一大难题，等慢慢理解完了，不等做题考试也差不多要结束了。

一位优秀的老师首先应该是一个读书的人，只有爱读书的老师才能培养出爱读书的孩子。作为孩子阅读点灯人的老师们更应该走在孩子的前面，首先阅读起来。

我认为自己也还算是一个爱书之人，曾经获得过深圳市宝安区教坛阅读之星及新安街道阅读之星的荣誉。我整理了一部分自己阅读过的书目，希望给大家带去不一样的体验和收获！

《中国哲学简史》

冯友兰 著

推荐语：

打通古今中外的相关知识，以宏观开阔的视野对中国哲学进行深入浅出、融会贯通地讲解。

在有限的篇幅里融入对中国传统思想、文化、精神、智慧等方面的理解，融会了史与思的智慧结晶，洋溢着人生的智慧与哲人的洞见，寄托着现实的人生关怀。

它在世界各地有多种译本，拥有众多的读者，是许多大学中国哲学的通用教材。同样，它也是广大读者学习中国古代文化、借鉴中国传统智慧、启迪现实人生的入门书。

这是一部名副其实的、可以影响大众一生的文化经典。

《做一个学生喜欢的老师——我的为师之道》

于永正 著

推荐语：

作者于永正是一位小学语文特级教师，他在小学语文教师中有着广泛的影响。本书通过近50篇随笔文章，系统讲述了作者从事教师工作的经验和感受。在这些经验和感受中，"做一个学生喜欢的老师"是作者从教的出发点和宗旨，也是作者取得突出成就的重要原因。本书讲述的"为师之道"可供广大中小学教师参考、借鉴。

《努力做最好的班主任》

于洁 著

推荐语：

本书汇集了于洁教育博客"三年的缘"中"抱团取暖树洞"的精华部分，围绕一线教育疑难，从为师者的姿态、班主任的创新到"于洁沙龙"抱团取暖，凸显了于洁智慧入心的思想和"渡人渡己"的大情怀，是一本具有实操性的班主任手册。

《孩子，你慢慢来》

龙应台 著

推荐语：

作为华人世界率性犀利的一支笔，龙应台的文章有万丈豪气，然而《孩子你慢慢来》却令人惊叹，她的文字也可以有万丈深情。

这本书里的龙应台是一个母亲，与生命的本质和起点素面相对，做最深刻地思索、最不思索地热爱。面对初生至童年、少年时期的两个孩子（华飞、华安），从出生到开始说话、识字，逐渐认识这个世界，书中有忍俊不禁的童真，有无法抑制的爱怜，也有母子的无奈和迷惑。它不是对传统母职的歌颂，是对生命的实景写生，只有真正懂得爱的作家才能写出这样的生活散文。

《给孩子上文学课》

张雪青 著

推荐语：

怎样让儿童的文学教育成为一道佳肴，而不是做菜时辅以点缀的调料呢？本书从散文、童话、小说、诗歌、图画书以及文学创作六个层面对儿童的文学教育进行阐释和回应，既有理性层面的思考，又有实践层面的操作，为一线教师认识儿童文学教育、实践儿童文学教育提供了思考的角度和实践的案例，同时也为一线教师开设儿童文学课勾画了行走地图。

《正面管教》

简·尼尔森 著

推荐语：

很多人认为学校教育的目的就是学习功课，而各种纪律规定应该以孩子取得优异的学习成绩为目的。因此，老师们普遍实行的是以奖励和惩罚为基础的管教方法，其目的是为了控制孩子。然而研究表明，除非教给孩子们社会和情感技能，否则他们学习起来会很艰难，而且纪律问题会越来越多。

正面管教是一种不同的方式，它把重点放在创建一个相互尊重和支持的班集体，激发孩子们的内在动力去追求学业和社会的成功，使教室成为一个培育人、愉悦和快乐的学习场所。

这是一种经过数十年实践检验，使全世界数以百万计的老师和孩子受益的黄金准则。

《你的生命有什么可能》

古典 著

推荐语:

2007年,古典创办新精英生涯,希望帮助30%的青年人成长,长成为自己的样子。这本《你的生命有什么可能》是他继《拆掉思维里的墙》后,倾三年心力推出的第二本书。

本书探讨了高竞争的工作、高不可攀的房价和房租、拥挤的交通、糟糕的空气、不安全的食品……在竭尽全力才能生存的时代,年轻人如何追求自己的梦想?在这样的时代,我们的生命又有什么可能?如何才能越过现实和理想的鸿沟,找到和进入自己希望的人生?如何修炼自己在现实中活得更好的能力?如何在现实之中发展自己的兴趣?如何连接现实和理想?如何面对生命里的苦难、贫穷、不完美或者不公正?如何获得心灵的自由?

在书中,古典谈到了人生四个永恒的主题:影响力、爱、自由和智慧。即使在这个不那么公平的现实世界里,每个平凡人都能活出各自的生命可能。

本书写给成长中的每一个人,以生涯之学和古典的独特人生体验带领所有好奇、冒失又热爱生命的读者一起成长。

《美的沉思》

蒋勋 著

推荐语:

《美的沉思》是美学大师蒋勋先生在美学领域的经典代表之作。玉石、陶器、青铜、竹简、帛画、石雕、敦煌壁画、山水画……蒋勋在这些被"美"层层包裹着的艺术作品中开始逐渐思考起形式的意义,经过一次又一次时间的回流,将历史的渣滓去尽,蒋勋看到了它们透露出的真正的时空价值和所承载的历史意义。

《脉动的中医（健康新理念）》

许天兴 著

推荐语：

中医具有强大鲜活的生命力，像人类的生命脉搏一样生生不息。

许天兴所著的《脉动的中医（健康新理念）》主要包括中医理论探索、行医实践和经方的介绍。作者熟读大量针灸典籍，结合多年行医的心得，总结和发展了中医理论。将中医的阴阳五行理论推演、发展为阴阳六行理论，为针灸治疗开启了一扇大门；采用数字技术解读人体脉络，并从中西医结合的角度对人体穴位做了新定义，探索针灸治病的本质。作者详细叙述了治愈20余种不同类型疑难杂症的经过，将多年临床经验和盘托出。另外，本书还汇编了大量古书经典配方。

《心流：最优体验心理学》

米哈里·契克森米哈赖 著

推荐语：

心理理论之父、积极心理学奠基人米哈里·契克森米哈赖30年前在大量案例研究的基础上，开创性地提出了"心流"的概念。本书系统阐述了心流理论，从日常生活、休闲娱乐、工作、人际关系等各方面阐述如何进入心流状态。对心理学爱好者和研究者来说，《心流：最优体验心理学》是理解积极心理学等领域不可或缺的理论素材；对老师们来说，这更是一本提升幸福感和效率的行动指南。

　　"不读书就去放牛"是小时候父母常常告诫我的话语。我很怕牛，怕它常常含着眼泪的眼睛，怕它孤独的"哞哞"叫声，更怕它拉犁时的喘息。于是，我便时时强迫自己用心听课，在父母的面前假装读书。装着装着，就成真的了。